EXETER MEDIEVAL TEXTS AND STUDIES

[illegible]

An preost wes on
leoden: laȝamon
wes ihoten. he wes
leouenaðes sone
liðe him beo drihte
he wonede at ernleȝe: at æðelen
are chirechen vppen seuarne sta
þe: sel þar him þuhte. on fest
radestone. þer he bock radde.
hit com him on mode. & on his mern
þonke. þet he wolde of engle. þa
æðelæn tellen. wat heo ihoten
weoren. & wonene heo comen.
þa englene londe. ærest ahten.
æfter þan flode. þe from drihtene

in leoð-lise him beo drihten. fe
ðeren he nom mid fingren. & fie
ng on boc-felle. & þa soþe word: set
te to-gadere. & þa þre boc: þrumde
to are. Nu biddeð laȝamon alcne
æðele mon: for þene almiten godd.
þet þeos boc rede: & leornia þeos ru
nan. þat he þeos soðfeste word. seg
ge to sumne. for his fader saule:
þa hine forð brouhte. & for his mo
der saule. þa hine to monne iber.
& for his awene saule. þat hire
þe selre beo. amen.
Nv seið mid loft songe þe
wes on leoden preost al
al swa þe boc spekeð þe he

Robertus Cotton B.

Cotton MS. Caligula A. ix, fol. 1r (upper part)

SELECTIONS FROM

LA3AMON'S BRUT

EDITED BY

G. L. BROOK

WITH AN INTRODUCTION BY

C. S. LEWIS

REVISED BY

JOHN LEVITT

UNIVERSITY OF EXETER

First published by Oxford University Press, 1963

This revised edition, University of Exeter, 1983

University of Exeter Press
Reed Hall, Streatham Drive
Exeter, EX4 4QR
UK

www.exeterpress.co.uk

Printed digitally since 2006

This reprint has been authorised by Oxford University Press

ISBN 0 85989 139 9

Printed and bound by CPI Group (UK) Ltd, Croydon, CR0 4YY

CONTENTS

EDITOR'S PREFACE (1963)

I AM indebted to the Trustees of the British Museum for allowing me to publish this volume of selections and the photograph which forms the Frontispiece. I should like to acknowledge my indebtness to Dr. J. A. W. Bennett for help and criticism very generously given at every stage and to my wife for checking my transcription of the manuscript.

G. L. B.

REVISER'S PREFACE (1983)

A small amount of revision has been possible for this reprint. C. S. Lewis's introductory essay remains unchanged, but the notes on the date of the poem and its manuscripts have been altered to take account of recent views of the date of the Caligula MS. A fuller bibliography has been supplied. Some corrections have been made in the text itself, and a small number of aditional notes have been added. These owe much to the thoughtful suggestions of Professor I. J. Kirby, made in his review of the original edition in *Studia Neophilologica*, and in correspondence with Professor Brook.

J. L.

INTRODUCTION

THE English *Brut*, like Malory's *Morte Darthur* or Chaucer's *Troilus* and *Knight's Tale*, is a work for which we can thank no single author. Touching up something that was already there is almost the characteristically medieval method of composition.

In 1147 Geoffrey of Monmouth produced his prose *Historia Regum Britanniae*. It gives the British story from the birth of Brutus to the death of Cadwallader and claims to have got it out of an ancient book in the British tongue (i. 1). We know no such book, but much genuine legend and some true history may survive in Geoffrey's narrative. To the Arthurian section (vii. 20–xi. 2) it was probably his own rather vulgar invention that added the tasteless fiction of Arthur's foreign conquests.

Wace (ob. 1175?) turned Geoffrey's matter into Norman French octosyllabics as the *Geste des Bretons* or *Roman de Brut*. He approached his work neither like a modern historian nor like a modern novelist. On the one hand, he thinks his story mainly true, though not completely reliable, and is anxious to avoid errors; from a different poem, the *Roman de Rou*, it appears that he sometimes took pains to test a tradition by personal investigation. On the other hand, he feels himself quite free to touch up Geoffrey's narrative, describing scenes as if he had been an eyewitness and adding details from his own imagination. His poem is bright and clear, not without gaiety, and slightly touched with scepticism. In it the courtesy and pageantry and some of the love-lore of the High Middle Ages appear.

Then came Laȝamon, who probably wrote before 1207.[1] He tells us he was a priest at Ernleȝe (Areley Kings) on the Severn, and had travelled much. Whether only in England,

[1] But see p. xv below.

is not clear; but an amusing passage about 'muglinges' suggests that he had visited the Continent and there been twitted with coming from an island where men have tails (M[1] 29593–8). He tells us—speaking here like a true book-lover—that he used three sources: an English book by Bede (no doubt the Old English translation of the *Ecclesiastical History*), a book by *Seinte Albin and þe feire Austin*, and Wace (M 30–40). The second item is a puzzle, and we are not satisfied with the explanation that it is simply Bede over again, but this time in the Latin. It is, however, only the last source, Wace, that really throws much light on Laȝamon's work.

The English *Brut* differs importantly from Wace's *Roman*. Before asking why, it is best to make clear how.

I. Its very language—still more its metre and phraseology, which both descend from Anglo-Saxon verse—make it inevitably sterner, more epic, more serious. Nothing in Norman octosyllabics ever had the hammer-like impact of *Godes wiðersaka* (M 1808), *mid orde and mid egge* (M 5202), *sæ-werie* (M 6205), *weorld-scome* (M 8323), or *feollen þa fæie* (M 14038).

II. It is more archaic and less sophisticated than the *Roman*. Wace's characters are knights and courtiers; those of the *Brut*, heroes and thanes. Wace's battles often have some real strategy; the *Brut* blurs or ignores it and shows us only what primary epic would show—the war-hedge like a grey wood (M 16372), old warriors hewn with swords (M 4166–7), shields cloven (M 5186), heathen souls packed off to hell (M 18321). Wace writes like one who knows contemporary courts; the *Brut*'s picture of a court is something like Hrothgar's hall. In Wace the Roman ambassadors are real diplomats, grave old men carrying olive branches; in the *Brut*, 'valiant thanes, high battle-warriors, high men with weapons' (M 24741). In the passage which immediately follows, the differences are even more interesting. Arthur sum-

[1] M = Madden's edition.

mons his council in a room at the top of a tower. As Wace's knights go up the spiral stair Cador calls out merrily to Arthur that this threat from Rome is welcome; there's been too much peace and love-making. Gawain replies in defence of love '. . . thus the lords joked'. In the *Brut* there is no joking and no chatting on the stairs. First the tower itself is characterized—'an ancient stonework, stout men wrought it' (M 24885)—and this Beowulfian glance at a remoter past alters, as it were, the whole lighting of the passage. There is nothing about love. Cador seriously denounces idleness; Gawain utters weighty praise of peace. There is a real strife or *flit* between them, and Arthur, who knows the swords might be out any minute, quells it sternly (M 24966–72). Not a trace of the Norman gaiety remains.

III. The *Brut*, though fiercer, is usually kinder than the *Roman*. Once, indeed, it introduces an atrocity (M 22841 ff.) of its own. But it was done in hot blood, and far more often its rough-hewn heroes have tender hearts. Its Brennus saves Rome from pillage and massacre and brings home the refugees (M 5944 ff.). Its Vortimer has a project for emancipating all slaves (M 14852). Its Arthur swears that if he wins France every poor man's life shall be the easier for it (M 23741). He dismisses his veteran knights to pass their last days in prayer (M 24115 ff.). He is a father to the young and a comforter to the old; Wace's Arthur had been one of Love's lovers and the founder of all the courtesies that kings have used since. Its charity extends even to pagans (provided, of course, that they are not Saxons); alas that ever such a man as Julius Caesar should have gone to hell! (M 7223).

IV. It is rather more interested in marvels than Wace had been. It tells us that elves took and enchanted Arthur as soon as he was born (M 19253 ff.; 1894 below), and that an elvish smith had made his byrnie (M 21131; 2830 below). In addition to the prophetic eagles mentioned by Geoffrey and the *Roman*, nikers people its Loch Lomond till it becomes very like Grendel's mere (M 21739 ff.; 3134 ff. below).

V. It has touched up Wace as Wace touched up Geoffrey. In it all becomes one degree more actual, closer to the reader. It has far more dialogue than Wace, much of it excellent. Where he had said merely that people gave certain news or made certain arrangements, the *Brut* sets them talking; soliloquizing, too, or praying. It might have been written by one who had learned from Aristotle that the narrative poet should speak as little as possible in his own person. It realizes visually and emotionally much that Wace merely stated or ignored. It shows us the pirates watching the arrival of Ursula's storm-tossed fleet, 'ships . . . one . . . and one . . . sometimes more . . . sometimes none , . . then four . . . then five' (M 12034 ff.); Merlin in his trance twisting like a snake 'as those said who had seen it' (M 17906 ff.; 1221 ff. below); Arthur turning alternately red and white, when they told him he was king (M 19887 ff.; 2210 ff. below). It adds to the account of Merlin's begetting all that renders that story worth telling—the virgin bower, the beautiful ladies-in-waiting, the glimmering golden shape of the aerial ravisher (M 15700 ff.). Chaucer himself is hardly more vivid and immediate than scores of passages in the *Brut*.

VI. It has a wealth of simile that Wace lacks. Troops muster thick as hail (M 14517). Ridwathlan rushes on his enemies as a whirlwind, with its cloud of dust, rushes on a field (M 27645). An army advances 'as if the earth would catch fire' (M 20643–4). Best of all, waves run past 'like burning villages' (M 4577, 11978). More surprisingly, we find those long-tailed or Homeric similes which were not a characteristic of Anglo-Saxon epic: the wolf (M 20120–7), the hunted crane (M 20163–75), and the goat (M 21301–15). That of the 'steel fishes' (M 21323–30) is in a class by itself. Its complex imaginative structure illustrates the 'esemplastic faculty' better, perhaps, than anything in Wordsworth.

The *Brut* has many faults, but they are those of its source; it is tied to Geoffrey's amorphous, and sometimes uninteresting, matter. Its (often astonishing) merits are its own. Can we say 'Laȝamon's own'? This, for several reasons, would be rash.

I. Many scholars think that he did not work from the text of Wace, as we now have it, but from a recension already incorporating other materials.

II. Laȝamon never mentions Geoffrey, and, since medieval 'historial' poets are far readier to boast of learning than of invention, we may probably infer that he never saw the *Historia*. Hence passages where he agrees with Geoffrey but not with Wace may well indicate an independent recourse to the same—presumably Celtic—tradition on which Geoffrey depended. Such are his 'thirty days' (M 1275, Wace, *trois jors*), his specification of the fief given to Hengist as Lindesey (M 14050), *Pridwen* as the name of Arthur's shield (M 21152), and others. But even if we assumed that he had read Geoffrey, we should still have evidence that he knew more of Geoffrey's sources than Geoffrey transmitted. At vii. 3, Geoffrey makes Merlin prophesy that Arthur's acts will be food to those who tell them (*actus eius cibus erit narrantibus*). Laȝamon gives us six lines (M 18856–61) in the same strain. The manner is quite unlike his usual style and quite un-English. He must be giving us more of the same Welsh poem that underlies Geoffrey. Again, in a passage peculiar to the *Brut* (M 13563–90), the name Gille Callaet for Constance's murderer suggests Celtic tradition.

III. The *Brut* alone relates (M 12253 ff.) the revolt of Ethelbald and Ælfwald. The thoroughly English names given to these supposed Britons, and the firm localization of their revolt in East Anglia—no regional patriotism would lead Laȝamon there—strongly suggest that he is here in touch with an English, not British, tradition of some later revolt, perhaps against Danes, or even Normans.

IV. Mr. H. S. Davies[1] has acutely observed that many of the *Brut*'s best similes, and all its long-tailed similes, are bunched in one section (M 20000–22000). He also finds that Arthur's character is a little different in this section, and that the course of events—we are dealing with Arthur's defeat of the Saxons—departs considerably from that in Wace. It is difficult to explain how a poet who had once achieved the long-tailed simile should then abandon it completely in his subsequent work. Mr. Davies therefore suggests that Laȝamon may here be following closely a lost poem in Old, or early Middle, English. This seems not improbable.

An acceptance of this hypothesis would make a difference to our estimate of Laȝamon's individual genius. But what most interests the historian of poetry would not be changed. Either way—in Laȝamon or in the lost poem—we see the vigorous survival of our native poetic style. Either way, we see it enriched by the long-tailed simile, and must still wonder whether this is due to the sheer leap of some remarkable genius or to the influence (possibly at many removes) of Virgil.

Mr. Davies modestly raises a needless difficulty against himself by stressing the paradox of a work so very English as his hypothetical poem must have been which nevertheless celebrated the defeat of the English by the Britons. But it would not have differed in this respect from the *Brut* itself, which professes to tell the story of the 'Engle' (M 13) and actually tells that of the Britons, making of the real 'Engle' a comparatively brief and wholly hateful interruption. It would not have differed in this from later treatments of Arthur. They all take the British side. Ignorance of racial fact and indifference to strictly racial sentiment are the norm. In poets so early as Laȝamon there might be a special reason. The Normans with their *nið cræfte* (M 7116) were still fairly new. The Saxons, like them, had been foreign

[1] In the *Review of English Studies*, May 1960.

invaders. Arthur, like Harold, had been fighting for our homes. It was perhaps some compensation to show Colgrim actually faring at Bath as William the Bastard ought to have fared at Hastings. Perhaps after all we need no lost poem to explain (if that were all) why Arthur should be fiercer and far more alive in this part of the *Brut* than in his foreign wars.

The metre of the *Brut* descends from Anglo-Saxon verse. Its direct ancestor was probably not the 'classical' verse of *Beowulf* but a looser and more popular form. It is, however, by starting from the classical type that the metre is most easily analysed. Its units were selected blocks of speech rhythm, known as Half-lines. The elements of each Half-line were Lifts and Dips. A Lift is either one long and accented syllable or two short syllables with accent on the first. A Dip is any reasonable number of unaccented syllables. There were five types of Half-line, all of which can be traced in the *Brut*. We add modern equivalents in brackets, and all the Anglo-Saxon examples are from *Beowulf*.

A. Lift—Dip—Lift—Dip. *þrým gefrū̃non* (2), or *mónegum mǣ́gþum* (5). ('Wells and Winches *or* Merry-eyed maidens'.) *Brut*: *mónnen fróure* (M 25570) or *cómon to þan kínge* (M 17089). Anacrusis (a prelusive unaccented syllable or syllables) may occur. *Ne frī̃n þu æfter sǣ́lum* (1322). ('At Wells and Winches.') *Brut*: *and lúden bilǽfden* (M 20584).

B. Dip—Lift—Dip—Lift. *Siþþan ǣ́rest weā̃rþ* (6). ('For a pint of beer.') *Brut*: *na his cláþes na his hórs* (M 17053).

C. Dip—Lift—Lift—Dip. *Ofer hrónrā̃de* (9). ('Or of rough cider.') *Brut*: *þat he fléon wólde* (M 17058).

D. Lift—Lift—Dip. There is here only one Dip, and it must contain an element nearly, but not quite, as strong as a Lift. *Ýmbsíttènde* (8). ('Hood's housekeeper.') *Brut*: *wíltídènde* (M 17090). Or expanded: *mǣ́re méarcstàþa* (102). ('Hunter's housekeeper.') *Brut*: *hǽȝe hérekèmpen* (M 24743).

E. Lift—Dip—Lift. Here also the single Dip must contain a strengthening element. *Wéorþmýndum þáh* (8). ('Bed-makers' binge.') *Brut*: *Séilien òuer sǽ* (M 20889) or *Jáphèth and Chám* (M24).

The first (and only the first) Lift of the second Half-line was linked by alliteration with one or both of the Lifts in the first Half-line; if with only one, then normally with the first. The *Brut* ignores these rules, alliterating any Lifts, or none.

Some of its Half-lines reproduce the Anglo-Saxon types perfectly, some approximately, and others not at all. In the latter class we find (1) four-beat types: *Láuerd, hu háuest þu ifáren toniht?* (M 28011). (2) More often, three-beat: *Séléste álre rǽden* (M 16986), *þe nes nánes mónnes súne* (M 17107). The two Half-lines are often linked by rhyme (*umbe lutle stunde hi wurþeþ al isunde*, M 17191–2), assonance (*and ferden swa longe þat hi comon to Irlonde*, M 17262–3), or consonance (*wiþuten and wiþinne mon toȝenes monne*, M 22917–18).

The *Brut* thus varies between passages that an Anglo-Saxon poet's ear would have wholly approved—such as

æðela iwurðen,
Wihte wal-kempen, on heora wiðer-winnan (M 776–8)—

and the nursery-rhyme jingle of *He makede swulc grið, he makede swulc frið* (M 4254–6). But the result is not intolerable as a mixture of different syllabic metres would be, because Laȝamon's irregular Half-lines are, no less than the classical types, blocks of genuine speech rhythm. In pathetic, derisive, or gnomic comment they have great pungency. The total effect of the poem is really closer than the rumble of much fourteenth-century alliterative verse to the crusty, emphatic quality of Anglo-Saxon poetry.

Dr. J. Hall in his *Layamon's Brut* (1924) selected passages from all over the poem. We have preferred to disengage and to give as continuously as possible Laȝamon's Arthuriad, which we think on the whole the best part of the *Brut.* Even from this the limits of our space forced us to omit something, and we jettisoned without reluctance the Icelandic and the Roman wars. The record of monotonous victories, even when true, is not the stuff of epic; when it has no roots in history, legend, or myth, it is hardly endurable.

C. S. Lewis

AUTHORSHIP AND DATE

Laȝamon's *Brut* opens with an autobiographical passage[1] in which the poet introduces himself as a parish priest at Ernleȝe, on the Severn and near Radestone. The place can be safely identified as Areley Kings in Worcestershire. Laȝamon tells us he was a traveller, and that his father's name was Leovenað. He then passes on to describe his sources and how he handled them. (The composition is discussed in C. S. Lewis's introduction, above.) No more personal details are offered or can be deduced from the text, and there is no external evidence that Areley Kings had a priest of that name; Laȝamon personally remains a mystery. Precisely when he lived, and when he wrote the poem, are both uncertain.

The date of the earliest surviving manuscript if it could be ascertained would give the latest possible date of composition. There are two extant MSS of the *Brut*, both separated by an unknown number of intermediate copies from the author's original; both are in the British Library: Cotton Caligula A ix, and Cotton Otho C xiii. The latter was fairly certainly produced in the later half of the thirteenth century, but it was until recently fairly generally assumed that the Caligula MS was from a date half a century earlier; perhaps from before 1225. In 1960, C. E. Wright, in his study

[1]See p. xxii.

of *English Vernacular Hands* (p. 7), suggested on palaeographic evidence that it was copied 'probably a little after A.D. 1250', and a few years later N. R. Ker, in the introduction to the EETS facsimile edition of the MSS of *The Owl and the Nightingale* (one of which is contained in Caligula) thought Wright's date to be 'on the early side'. These opinions are authoritative. In spite of the fact that the Otho MS presents a revised version of the *Brut*, with modernised language, neither MS can be shown to be earlier than the other, and the date of each is probably between 1250 and 1275.

The earliest date for the composition of the poem is given by an unambiguous reference in the past tense, in the introductory passage, to 'the noble Eleanor, who was Henry's queen'. Eleanor died in 1204, and Henry II in 1189. The reference suggests that either Henry or both of them must have been dead when the poet wrote. This must have been, therefore, some time between 1190 and 1275: a fairly long stretch of time, and one which many scholars have sought to narrow by building speculations upon one clue or another. The best that can be said of any of them is that their results are inconclusive.[2]

The linguistic evidence about the date of the poem is also inconclusive. There are archaic features about the language of the Caligula text in comparison with the Otho, as there are about the metre and imagery, particularly in the battle scenes. It now seems more likely that the archaism is deliberate than that it points to a very early, twelfth-century origin for the poem; and if so, it means that the poem offers unreliable support to the theory of a continuing tradition of alliterative poetry from Old English times until the fourteenth century revival.[3]

[2]See E. G. Stanley, 'The Date of Laȝamon's *Brut*', *NQ*, Mar. 1968, pp. 85–88.

[3]See E. G. Stanley, 'Laȝamon's Antiquarian Sentiments', *Medium Ævum* 38, 1969; and the discussion in D. Pearsall, *Old and Middle English Poetry*, London 1977, esp. pp. 108–110.

SELECT BIBLIOGRAPHY

Abbreviations in parentheses after some entries are those used as short references in the notes.

EDITIONS

Laȝamon's Brut or Chronicles of England ed. F. Madden, 3 vols, London, 1847. (M)

Laȝamon's Brut ed. G. L. Brook and R. F. Leslie, Early English Text Society, Oxford, 1963 ff.

SELECTIONS

J. Hall, *Laȝamon's Brut Selections*. Oxford, 1924.

B. Dickins and R. M. Wilson, *Early Middle English Texts*. London, 1951.

J. A. W. Bennett and G. V. Smithers, *Early Middle English Verse and Prose* Oxford, 1966.

TRANSLATION

E. Mason, *Arthurian Chronicles*, Everyman's Library, London, 1962, pp. 117–264.

SOURCES

Le Roman de Brut par Wace, ed. I. Arnold, Société des Anciens Textes Francais, 2 vols, Paris, 1938–40. (Wace)

The Historia Regum Britanniae of Geoffrey of Monmouth, ed. A Griscom, London, 1929. (Geoffrey)

STUDIES

G. J. Visser, *Laȝamon, An Attempt at Vindication*, Utrecht, 1935.

R. Blenner-Hassett, *A Study of the Place-Names in Lawman's Brut*, Stanford: California, 1950. (Blenner-Hassett)

R. W. Ackerman, *An Index of the Arthurian Names in Middle English*, Stanford: California, 1952. (Ackerman)

J. S. P. Tatlock, *The Legendary History of Britain*, Berkeley: California, 1950, pp. 472–531.

D. Everett, 'Laȝamon and the Earliest Middle English Alliterative Verse', *Essays on Middle English Literature*, Oxford, 1955, pp. 28–45.

R. S. Loomis, *Arthurian Literature in the Middle Ages*, Oxford, 1959, pp. 104–11. .
Herbert Pilch, *Laȝamon's Brut, Eine literarische Studie*, Heidelberg, 1960.
H. S. Davies, 'Layamon's Similes', *Review of English Studies*, N.S. 1960, pp. 129–42.
I. J. Kirby, 'Angles and Saxons in Laȝamon's Brut, *Studia Neophilologica*, xxxvi, 1964, pp. 51–62.
E. G. Stanley, 'The Date of Laȝamon's Brut', *Notes and Queries*, Mar. 1968, pp. 85–88.
– 'Laȝamon's Antiquarian Sentiments', *Medium Ævum* xxxviii, 1969, pp. 23–37.
D. Pearsall, *Old and Middle English Poetry*, London, 1977, pp. 108–12.

OTHER SHORT REFERENCES

C: The version of Laȝamon's *Brut* contained in MS Cotton Caligula A ix.
O: The version of Laȝamon's *Brut* contained in MS Cotton Otho C xiii.

LANGUAGE

THE following are some of the chief characteristics of the language of C:

(1) Nunnation, the addition of final *-n* after a vowel without etymological justification. The addition of *-n* is sometimes found at the end of a line or half-line, where it may be used to improve a rhyme, as in *plihten* 1097, *beteren* 1814, and it is used to avoid hiatus before a word beginning with a vowel or *h*, as in *aȝeuen* 730, *hæten* 734, *þenenen* 749, *togaderen* 942, *eoden* 1138, *þohten* 1948, but *-n* is frequently added without either of these special causes, as in *widen* 44, *weoren* 106, *letten* 745, *wullen* 763, *seiden* 887, *ȝeornen* 986, *swiken* 1130, *siten* 1229.

(2) The voicing of initial *f* to *v*, as in *volken* 2601 beside *folke* 2602, often spelt *u*, as in *uerde* 16, beside *ferde* 1. The use of *w-* for *f-* is less common, but it is found in *wolleȝede* 2539, *wleoteð* 2928, *wæi-sið* 3867. A link between the two spellings is provided by the use of *u* for *w* in such forms as *biuusten* 1916.

(3) Metathesis of *r* and a vowel, as in *iwrað* 246, 2019, 2767, *iwarðeð* 839, *fron* 1538, *wærð* 1567, *iderued* 1625, *wrað* 2950, *forwrænen* 2395, *wruðliche* 2583.

(4) The loss of a consonant from a group of three or more consonants, as in *ȝerden* 67, *forbard* 80, *swulne* 1067, *barden* 1082, *halst* 1458, *strenðe* 1491, *sæhnesse* 1861, *brusleden* 2042, *Chilric* 2471, *ærde* 3528, *hiȝenliche* 2500.

(5) The loss of final *d* after *n* in lightly stressed syllables, as in *þusen* 1275, 2551, 3122, 3124, 3145, *an* 1397, *walden* 3519, *ȝeon* 2471, 3950.

(6) Confusion between a voiced consonant and its voiceless counterpart, as in *dundes* 53, *glæne* 971, *drong* 1147, *hæhde* 1280, *Passend* 1306, *iswunten* 2076.

(7) Confusion in spelling between *h* and the other voiceless fricatives, as in *nawiðt* 74, *miste* 1613, *mahmes* 3462, *wiþte* 2147, *fæie-sih* 2608, *ulih* 2695, *wiðte* 2812.

(8) The use of *z* as a spelling for *ts*, as in *lezst* 1301, *bezst* 1896, *mildze* 1932.

(9) The preservation of OE. inflexional endings like acc. sg. masc. *-ne* in *monine* 164, *þisne* 135, gen. and dat. sg. fem. *-re* in *þissere* 68, *swulchere* 563. In the gen. sg. of nouns an OE. uninflected form is sometimes preserved as in *fader* 1948, *suster* 3820; sometimes the weakening of an OE. gen. in *-an* has resulted in a gen. identical in form with the nom., as in *heorte* 193, *burne* 528. In the nom. acc. pl. the OE. ending in *-an* has given *-e* beside *-en* as a pl. ending, which is not confined to nouns which had the pl. in *-an* in OE. Thus we have *nihte* 13 beside *nihten* 27. The gen. pl. of nouns usually ends in *-ene*, as in *cnihtene* 110, *baluwene* 299, *scipene* 305, but *-en* is common, as in *cnihten* 433, *monnen* 580, *leoden* 688, and we also find *-e*, as in *cnihte* 1271, and *-ne*, as in *heortne* 1166. The OE. gen. pl. adjectival ending in *-ra* appears as *-re* as in *baldere* 439, *alre* 1121, *selere* 1273, *ohtere* 1274. The OE. ending *-ende* in the present participle of verbs usually appears as *-inde*, as in *farinde* 1361.

(10) The preservation of Old English grammatical gender. This is shown by the form of the definite article, as in *þere dic* 8, *þat word* 38, *þere burh* 47, *þene dunt* 55, by the inflexion of an accompanying adjective, as in *ænne muchelne plæȝe* 48, *fader nenne* 62, or by the choice of pronoun, such as *he* 11 and *hine* 12, both referring to *wal* 11.

(11) The use of the present tense with future meaning as in 208, 229, 323, 1176. This construction is especially common with parts of the verb *beo(n)*, as in 79, 322, 499, 648, 685, 1627, 1692, 2008, 2858.

(12) The use of reflexive pronouns, especially with verbs of motion, as in 1279, 2026, 2188, 3564, 3803, 3920.

(13) The preservation of subjunctive forms, such as *iwurðe* 3299, *bræke* 3300, *durre* 3518, *helpe* 3736.

THE TEXT

Laȝamon's *Brut* is extant in two manuscripts, both in the British Library: Cotton Caligula A ix, and Cotton Otho C xiii. The text is based on the Caligula MS. Marginal references to folios are given largely to facilitate comparison with Madden's edition. The folios have been renumbered since the date of that edition, but the original folio-numbers are still clearly visible. The word-division, punctuation, and use of capitals in the present edition follow present-day usage. The spelling is that of the manuscript, except that confusion between *d* and *ð*, erroneous repetitions and the doubling of consonants when a word is divided at the end of a line of the manuscript, are silently corrected, and contractions are expanded without notice. Letters added editorially are in square brackets; other emendations are recorded in footnotes.

THE AUTHOR'S AIMS AND METHODS

LAȜAMON'S *Brut* opens with an autobiographical passage in the course of which the author describes his aim and methods in writing the poem:[1]

> An preost wes on leoden, Laȝamon wes ihoten
> He wes Leouenaðes sone; liðe him beo Drihten.
> He wonede at Ernleȝe, at æðelen are chirechen,
> vppen Seuarne staþe, sel þar him þuhte,
> onfest Radestone, þer he bock radde.
> Hit com him on mode and on his mern þonke
> þet he wolde of Engle þa æðelæn tellen,
> wat heo ihoten weoren and wonene heo comen
> þa Englene londe ærest ahten . . .
> Laȝamon gon liðen wide ȝond þas leode
> and biwon þa æðela boc, þa he to bisne nom.
> He nom þa Englisca boc þa makede Seint Beda.
> Anoþer he nom on Latin, þe makede Seinte Albin
> and þe feire Austin þe fulluht broute hider in.
> Boc he nom þe þridde, leide þer amidden,
> þa makede a Frenchis clerc,
> Wace wes ihoten, þe wel couþe writen,
> and he hoe ȝef þare æðelen Ælienor,
> þe wes Henries quene, þes heȝes kinges.
> Laȝamon leide þeos boc and þa leaf wende;
> he heom leofliche biheold, liþe him beo Drihten.
> Feþeren he nom mid fingren and fiede on bocfelle
> and þa soþere word sette togadere
> and þa þre boc þrumde to are.

[1] See Additional Notes, p. 128.

SELECTIONS FROM LAȜAMON'S *BRUT*

I. *The events preceding the begetting of Arthur; his birth, accession, marriage, and victories over the Saxons, Scots, and Irish*

Forð ferde þe king and þa ferde mid him. f. 89a
Þa heo þider comen, dic heo bigunnen sone.
Hornes þer bleouwen; machunnes heowen;
lim heo gunnen bærnen, ȝeond þat lond ærnen;
and al Wæst Walsce lond setten a Uortigernes hond; 5
al heo hit nomen þat heo neh comen.
Þa þe dic wes idoluen and allunge ideoped,
þa bigunnen heo wal a þere dic oueral,
and heo lim and stan leiden tosomne;
of machunes þer wes wunder fif and twenti hundred. 10
A dæi heo leiden þene wal, a niht he feol oueral;
a marwe heo hine arædden, a niht he gon toreosen.
Fulle seouen nihte swa heom dihte:
ælche dæi heo hine aredden and ælche niht he gon reosen.
Þa wes sari þe king and sorhful þurh alle þing, 15
swa wes al þa uerde ladliche offæred,
for æuere heo lokede whænne Hengest come anuuenan.
Þe king wes ful særi and sende after witien,
æfter world-wise monne þa wisdom cuðen,
and bad heom leoten weorpen and fondien leod-runen, 20
fondien þat soðe mid heore siȝe-craften, f. 89b
whæron hit weore ilong þat þe wal þe wes swa strong
ne moste nihtlonges nauere istonden.
Þas weorlde-wise men þer a twa wenden:
summe heo wenden to þan wude, summe to weien-læten; 25
heo gunnen loten weorpen mid heore leod-runen;
fulle þreo nihten heore craftes heo dihten.
Ne mihten heo nauere finden, þurh nauere nane þinge,

whæron hit weore ilong þat þe wal þat wes swa strong
æuere ælche nihte toras and þe king his swinc læs. 30
Buten witie þer wes an, he wes ihaten Joram,
he seide þat he hit afunde, ah hit þuhte læsinge;
he seide ȝif mon funde in aueræi londe
æueræi cniht bærn þe næuere fæder no ibæd
and openede his breoste and nomen of his blode 35
and mengde wið þan lime and þæne wal læide,
þenne mihte he stonde to þere worlde longe.
Þat word com to þan kinge of þere læsinge
and he hit ilefde, þah hit læs weore.
Sone he nom his sonde and sende ȝeond þan londe, 40
swa feor swa he for dæðes kare dursten æies weies faren,
and in ælche tune hercneden þa runen
f. 89va whær heo mihten ifinden speken of swulche childe.
Þas cnihtes forð ferden widen ȝeond þan ærde;
tweien uerden ænne wæi þe west riht him læi, 45
þe læi forðrihtes in þer nu is Kaermerðin.
Bisides þere burh in ane weie brade
hefden ænne muchelne plæȝe alle þa burh-cnauen.
Þas cnihtes weoren weri and an heorte swiðe særi
and seten adun bi þan plaȝe and biheolden þas cnauen. 50
Vmben ane stunde heo bigunnen striuinge,
alse hit wes auer laȝe imong childrene plæȝe;
þe an þe oðerne smat, and he þeos dundes abad.
Þa wes swiðe grim Dinabuz touward Mærlin,
and þus quað Dinabus, þe þene dunt hefde: 55
'Mærling, vnwærste man, whu hæuest þu me þus idon?
Þu hauest idon me muchel scome; þerfore þu scalt habben grome.
Ich æm anes kinges sune, and þu ært of noht icumen.
Þv nahtes i nane stude habben freo monnes ibude,
for swa wes al þa uore, þi moder wes an hore, 60
for nuste heo næuere þene mon þat þe streonde hire on,
no þu on moncunne nefdest fader nenne,
and þu in ure londe makest us to sconde.

Þu ært us imong icumen, and nært nænes monnes sune;
þu scalt i þissen dæie þeruore dæd þolien.' 65 f. 89ᵛb
Þis iherden þa cnihtes, þer heo weoren bihalues;
heo arisen up and eoden neor and neodeliche ȝerden
of þissere uncuðe talen, þe heo iherden of þan cnauen.
Þa wes inne Kairmerðin a reue þe hehte Eli;
þa cnihtes biliue comen to þan reue 70
and þus him to sæiden sone mid muðe:
'We buð her-rihtes Uortigernes cnihtes
and habbeoð her ifunde enne cnaue ȝunge;
he is ihaten Merlin; ne icnawe we nawiðt his cunne.
Nim hine an hiȝinge and sende hine to þan kinge, 75
alse þu wult libben and þine limen habben,
and his moder mid him, þe hine bar to monnen.
Ȝif þu þis wult don, þe king heom wule underfon,
and ȝif þu hit noht ne ȝemest, þerfore þu bist flæme
and þas burh al forbard, þas leoden al fordemed.' 80
Þa answarede Eli, þe reue of Kæirmerðin:
'Wel ic wat þat al þis lond stunt a Vortigernes hond,
and we beoð alle his men—his monscipe is þe mare—
and we scullen þis don fain and driȝen his wille.'
Forð wende þe reue and burhmen his iuere 85
and ifunden Mærlin and his plaȝe-iueren mid him.
Mærlin heo nomen, and his iuæren loȝen;
þa þa Mærling wes ilad, þa wes Dinabus ful glad; f. 90a
e wende þat he ilad weore limen for to leosen,
ah al anoðer set þe dom ær hit weoren al idon. 90
Nu wes Mærlinges moder wunder mere iwurðen
in ane haȝe munstre mu[n]chene ihaded.
Þider iwende Eli, þe reue of Kairmerðin,
and nom him þa lafdie, þer heo læi on munstre,
and uorð him gon ærne to þan kinge Uortigerne, 95
and muchel folc mid him, and ladden þa nunne and Merlin.
Sone wes þat word cuð to Vortigernes kinges muð
þat icumen wes Eli and brohte þa lauedi,

75 an] & hiȝinge] hiȝinde

and Marling heore sone wes mid hire þer icumen.
Þa wes an liue Vortigerne bliðe, 100
and þa læuedi aueng mid swiðe uæire læten,
and Mærlin he bitahte goden twælf cnihten,
þa weoren þan kinge holde and hine witen scolden.
Þa sæiden þe king Vortiger, wið þa nunne he spilede þer:
'Gode læuedi, sæi me—sæl þe scal iwurðe— 105
whar weoren þu iboren? Wha streonede þe to bearne?'
Þæ andswarede þa nunne, and hire fader nemnede:
'Þriddendale þis lond stod a mines fader hond;
of þan londe he wes king, cuð hit wes wide;
he wes ihaten Conaan, cnihtene lauerd.' 110
f. 90b Þa answarede þe king, swulc heo his cun weore:
'Lauedi, sæie þu hit me—sæl þe scal iwurðen—
her is Mærlin þi sune, wha streonede hine?
Who wes him a folke for fader iholden?'
Þa heng heo hire hæfued and heolde touward bræsten; 115
bi þan kinge heo sæt ful softe and ane lutle while þohte;
vmbe while heo spac and spilede wið þan kinge:
'King, ich þe wulle tellen for seolcuðe spellen.
Mi fader Conaan þe king luuede me þurh alle þing;
þa iwarð ich on vestme wunder ane fæir. 120
Þa ich wes an uore fiftene ȝere,
þa wunede ich on bure, on wunsele mine,
maidene mid me wunder ane uæire.
Þenne ich wæs on bedde iswaued mid soft mine slepen,
þen com biuoren þa fæireste þing þat wes iboren, 125
swulc hit weore a muchel cniht al of golde idiht.
Þis ich isæh on sweuene alche niht on slepe.
Þis þing glad me biuoren and glitene[de] on golde;
ofte hit me custe, ofte hit me clupte;
ofte hit me tobæh, and eode me swiðe neh. 130
Þa ich an ænde me bisæh, selcuð me þuhte þas;
mi mæte me wes læð, mine limes uncuðe;
f. 90va selcuð me þuhte what hit beon mihte.

102 bitahte] bitwahte

Þa anȝæt ich on ænde þat ich was mid childe;
þa mi time com, þisne cnaue ich hæfuede. 135
Nat ic on folde what his fader weoren,
ne wha hine biȝate inne weorlde-riche,
no whaðer hit weore unwiht þe on Godes halue idiht.
La! swa ich ibedde are, nat ich na mare
to suggen þe of mine sune hu he to woruIde is icume.' 140
Þe nunne beh hire hæfde adun and hire huȝe dihte.
Þe king hine biþohte whæt he don mihte
and droh him to ræde redȝiuen gode,
and heo him radden ræd mid þan bezste,
þat he ofsende Magan, þat wes a selcuð mon. 145
He wes a wis clærc, and cuðe of feole cræften;
he cuðe wel ræden, he cuðe feor læden;
he cuðe of þan crafte þe wuneð i þan lufte;
he cuðe tellen of ælche leod-spelle.
Magan com to hirede, þar þe king wunede, 150
and þene king grætte mid godfulle worde:
'Hail seo þu and sund, Vortigerne þe king!
Ich æm icumen to þe; cuð me þine iwille.'
Þa andswærede þe king and talde al þan clærke
hu þa nunne hafde isæid, and axede hine þer of ræd; 155
ord fram þan ende al he him talde. f. 90^{v}b
Þa sæide Magan: 'Ich con ful wel heron.
Þer wunieð in þan lufte feole cunne wihte,
þa þer scullen bilæfuen þat Domesdæi cume liðen.
Summe heo beoð aðele, and summe heo uuel wurcheð. 160
Þeron is swiðe muchel cun, þa cumeð imong monnen;
heo beoð ihaten ful iwis incubii demones.
Ne doð heo noht muchel scaðe, bute hokerieð þan folke;
monine mon on sweuene ofte heo swencheð,
and monienne hende wimmon þurh heore cræfte kenneð
anan, 165
and monies godes monnes child heo bicharreð þurh wigeling,
and þus wes Marlin biȝeten and iboren of his moder,

164 on] of *with* f *on an erasure*

and þus hit is al igan,' quað þe clærc Magan.
Þa sæide Marling to seolue þan kinge:
'King, þine men me habbeoð inumen and ich æm to þe icumen, 170
and ich iwiten wulle what beon þi wille
and for wulche þinge ich æm ibroht to kinge.'
Þa spilede þe king mid cwikere speche:
'Mærlin, þu ært hider icumen; þu nært nanes monnes sune.
Swiðe þe longeð after laðe spelle. 175
Iwiten þu wult þa uore; nu þu hit scalt ihere.
Ich habbe bigunnen a weorc mid grundliche stre[n]gðe
f. 91a þe haueð mine gærsume wel swiðe binume;
fif þusend men wurcheð þeron.
Ich habbe lim and stan, on leode nis betere nan 180
na in nare leode weorcmen al swa gode.
Al þat heo leggeoð a dæi—to soðe ich hit sugge mæi—
ær dæi amarwen al hit bið dune,
ælc stan from oðer iualled to þan grunde.
Nu suggeð mine wise and mine witie men 185
þat ȝif ich nime þi blod ut of þire breoste
and minne wal wurche and do to mine lime,
þenne mai he stonde to þere worlde longe.
Nu þu hit wost al hu þe iwurðe scal.'
Þis ihærde Mærlin and bælh on his mode 190
and þas word sæide, wrað þeh he weore:
'Nulle hit nauere God seolf, þe gumenene is lauerd,
þat þi castel stonde for mine heorte blode
ne nauere þi stan wal stille ne ligge.
For alle þine witien beo swiðe swikele; 195
isæið læssinge biforen þæ seolue;
þat þu scalt afinde a þisses dæies ferste,
for þis sæde Joram, þe is mi fulle ifa.
Þa tiðende me þuncheð game; ich wes iscæpen him to bone.
Let cumen biuoren Joram þine witie, 200
and alle his iuere, forðrihtes here,

176 Iwiten] Iwhiten

þa þeos lesinge talden þan kinge,
and ȝif ich þe sugge soðe mine worde
of þine walle and whi he adun falleð f. 91b
and mid soðe hit bitelle þat heore talen sinde lese, 205
ȝef me heore hæfden, ȝif ich þi wærc hæle.'
Þa andswarede þe king mid quickere steuene:
'Swa me helpe min hond, þis forwærde ich þe halde.'
To þan kinge was ibroht Joram þe witie
and seofue of his iueren—alle heo weoren uæie! 210
Marline gromede and he grimliche spæc:
'Sæie me, Joram leod-swike, lað me on heorten,
whi falleð þes wal uolden to grunde?
Sæie me whæ hit vælleð þat þe wal reoseð.
What mai man uinden at þere dic-grunde?' 215
Joram wes stille; ne cuðe he noht tellen.
Þa seide Merlin þas word: 'King, hald me forward!
Let deluen þas dich seouen uoten deopere.
Heo scullen uinden ænne stan, wunder ane ueire;
he is ueir and brad volke to bihalden.' 220
Þa dich wes idoluen seoue vet depre;
þa uunden heo anan þer-rihtes þene stan.
Þa sæide Mærlin þas word: 'King, hald me forward!
Sæie me, Joram, monne me laðest,
and sæie þisse kinge wulches cunnes þinges 225
vnder þissen stane staðel habbeoð inumen.'
Joram wes stille; ne cuðe he noht telle.
Þa sæide Mærlin wunder: 'A water her is under.
Doh awai þisne stan; þat water ȝe findeð anan.' f. 91va
Heo duden awæi þene stan atforen þan kinge anon; 230
þat water heo funden. Þa sæide Merlin:
'Æxe me Joram, þe is mi fulle ifa,
umben ane stunde suggen þe of þan grunde
what wuneð i þan watere wintres and sumeres.'
Þe king axede Joram, ah ne cuðe he nowiht þeron. 235
Þa ȝet sæide Mærlin þas word: 'King, hald me foreward!

205 sinde] finde 214 whæ] wæh

Let alæten þis wæter and wei weorpen.
Þer wunieð i þan grunde tweien draken stronge.
Þe an is a norð half, þe oðer a suð half;
þe oðer is milc-whit, ælche deore unnilich, 240
þe oðer ræd alse blod, wurmen alre baldest.
Ælche middernihte heo biginneð to fihten,
[and þurh hire fihte] feollen þine wurckes;
þa eorðe gon torusien and þi wal toreosen;
þurh swulche wundre þi wal is afallen; 245
þa iwrað i þissen flode and noht for mine blode.'
Þis wæter wes al ilæde; þes kinges men weoren glæde;
muchel wes þa blisse biuoren þan leod-kinge,
and sone þerafter sari heo weoren;
ær þe dæi come to ende heo iherden tiðinde. 250
f. 91ᵛb Þa þa water wes al ilædden and þe put wes ilær,
þa comen ut þas tweien draken and muchel dunen makeden
and fuhten grimliche dun i þere dich.
Ne isæh nauere na cniht nan ladluker fiht;
fluȝen of heore muðe fures leomen. 255
Þis isah þe leod-king, grimme heore lates.
Þa wes he awundred on þissere wurlde-riche
what weore þis tacninge, þa he isah þer on grunde,
and hu Mærlin hit wuste þat nan oðer mon nuste.
Ærest wes þe white buuen and seoððen he wes bineoðen, 260
and þe drake ræde forwundede hine to dæðe,
and æiðer wende to his hole—ne isæh heom seoððe na mon
iboren!
Þus ferden þeos þing; þat isah Vortigerne þe king;
and alle þe weoren mid him luueden swiðe Mærlin,
and þe king hatede Joram and his hæfed him binam 265
and his seouene iueren, þe mid him weoren þære.
To telde eode þe king and mid him lædde Mærlin
and seide him mid mucle luue: 'Mærling, þu ært wilcume,
and ich þe ȝiuen wulle al þat þu ȝirnest
of mine londe of seoluere and of golde.' 270

242 biginneð] bigunneð

He wende þurh Mærlin þat lond al iwinnen,
ah al oðer hit wende ær comen þes daies ende.
Þus fræinede þe king his leofe freond Merlin:
'Sæie me nu, Merlin, monnen me leofuest, f. 92a
what bitacnieð þa draken þe þene dune makeden, 275
þe stan and þat water and þat wunderliche fæht.
Sæie me, ȝif þi wil is, whæt bitacneð al þis,
and seoððen þu most me ræden hu ich scal me læden
and hu ich mai biwinne kinedom minne
of Hengest mines wiues fader, þe swiðe me hæfð ihærmed.'
Þa andswarede Merlin þane kinge þe spac wið him: 281
'King, þu ært unwis and vnwiter a ræde.
Þu fræinest of þan draken, þe þene dune makeden,
and whæt tacneð heore fiht and heore feondliche gripen.
Heo tacneð kinges, þa sunde to cumene, 285
and heore fiht and heore uare and heore uæi uolc.
Ah ȝif þu weore swa wis mon and swa witter a þoncke
þat þv fræinedest me of feole þine sorȝen,
of þire mucle kare, þa þe is to cumene,
ich þe wolde suggen of sorȝe þine.' 290
Þa quað Vortiger þe king: 'Leofue freond Merling,
sæie me of þan þinge þe me to cumen sonden.'
'Bluðeliche', quad Mærlin baldere stefne,
'ich þe wulle suggen, ah æuere hit wule þe reouwen.
King, king, bisiȝ þe! Sorȝen þe bið ȝeueðe 295
of Costantines cunne; his bern þu aqualdest. f. 92b
Þu lettest slæn Costanz, þe wes king a þis lond;
þu lettest þine Peohtes hine ladliche biswiken.
Þeruore þu ibidest alre baluwene mæst.
Seoððen þu tuȝen uuenon þe uncuðe leoden, 300
Saxes to londe; þeruore þu wurðest to sconde.
Nu beoð of Brutaine beornes ariued;
hit his Aurilien and Vther—nu þu ært þærof war!
Heo cumeð tomærȝen fuliwis i þis lond at Tottenæs,
ich do þe wel to witene, mid seouen hundred scipene, 305
and nu heo inne sæ seilieð biliue.

Þu hauest heom muchel uuel idon, and nu þu most þat lað
þu hauest a ba halue bone þe þe þencheð, [onfon;
þine ifan þe biuoren and þine ifeond bæften.
Ah flih, flih þinne wæi, and burh þine life, 310
and, fleo þider þe þu fleo, heo þe wulleð after teon.
Ambrosie Aurilien he hæueð ærest þisne kinedom,
ah he þurh atterne drench dæð scal iþolien,
and seoððen scal Vther Pendragon habben þesne kinedom,
ah þi cun hine scal mid attere aquellen, 315
ah ær he dæd þolie he scæl dune makien.
Vther scal habben ænne sune, of Cornwaille he scal cumen,
f. 92ᵛa þat beoð a wilde bar iburstled mid stele.
Þe bar scal forbærnen hæhȝe þa burhȝes;
he scal alle þa swiken swenien mid eiȝe; 320
he scal al þi riche cun mid witen aquellen;
he bið swiðe oht mon and aðele an þonke;
heonenæ into Rome rixleð þeos ilke;
scal he alle his feond fallen to grunde.
Soð ich habbe þe isæid, ah nis þe na þe softre, 325
ah flih mid þine verde! Þine iuon þe cumeð to herede.'
Þa aswac worden Merlin þe wise,
and þe king lette blawen þreottene bemen
and forð mid his ferde feo[n]dliche swiðe.
Nes þer uorðrihtes bute uirst of ane nihte 330
þat comen þa broðere beien tosome
to sæ-stronde fuliwis at Dertenemuðe i Totenas.
Þis iherden Bruttes and weoren bliðe fuliwis.
Heo droȝen ut of þan wuden and of þan wulderne
bi sixti and bi sixti and bi seouen hundred, 335
bi þrit[ti] and bi þritti and bi feole þusend.
Þa heo comen tosomne, ful sel hit heo þuhte.
Þa broðeren to þissen ærde brohten vnimete verde,
and her comen heom biuoren balde þas Bruttes,
vnimete uolc, al hit wræh þa wolde, 340
þæ ær weoren ȝeond wudes wunderliche todreued

312 kinedom] kinedon 340 wræh] wræc

þurh þene muchelne æie and þurh þe muclen ærmðe   f. 92vb
and þurh þene mucle hærm þa Hengest heom wrohte
and hafde alle heore hæfd-men mid cniuen amurðerd,
mid sæxen tosnæðde, snelle þe þeines.   345
Bruttes heolden husting mid heȝe wisdome;
heo nomen Aurilien þene ældre broðer anan
inne hæȝe hustinge and heouen hine to kinge.
Þa weoren Bruttes mid blisse auulled,
bliðe an mode þæ ær weoren murne.   350
Comen þas tiðende to Vortigerne þan kinge
þat Aurilien wes icoren and to kinge iheouen.
Þa wes Vortiger wa and æft him wes wurse.
Vortiger uerde ver to ane castle,
Genoire hæhte, hæh an ane munte.   355
Cloard hæhte þe munt and Hærgin hahte þat lond,
on væst Wæie, þe is a water hende.
Vortigernes men nomen al þat heo neh comen;
heo nomen wepnen and mete a moni are wise;
to þan castle heo brohten swa muchel swa heo rohten,   360
þat heo inoh hafden, þeh hit lutel hulpe.
Aurilien and Vther weoren of Vortigerne war,
whær he wes uppen Cloward biclused in castlen.
Heo letten blawen bemen bonnien heore uerde,   f. 93a
volc unimete of moni ane londe;   365
ferden to Genoire, þær læi Vortigerne.
King wes wiðuten, king wes wiðinnen;
cnihtes þer fuhten mid feondliche ræsen;
æuerælc god mon gurede hine seolfuen.
Þa heo iseȝen þat heo siȝen næfden,   370
þa to wude wenden wunder muche uerde;
heo uelden þæne wude adun and droȝen to þan castle
and fulden al þæ dic, þe wes wunder ane deop.
Fur heo in sende on æuerælche ende,
and cleopeden to Vortiger: 'Nu þu scalt þe warmen þer,   375
for þu sloȝe Costanz, þe wes king of þis lond,

374 Fur] feor

and seoððe Costantin his sune. Nu is Aurilie icumen
and Vther his broðer, þa þe balu sendeð.'
Þe wind wæht þat fur þat hit wunderliche born;
þe castel gon to bernen; bures þer swælden; 380
feollen þa hallen floȝen to grunde.
Ne mihten þer na cniht aȝeines þe fure makien fiht;
þat fur eode oueral and barnde hus and barnde wal,
and þe king Vortigerne þerinne he gon to berne;
al hit forswælde þat þerinne wunede. 385
Þus ændede þer mid muchele ærme Vortiger.
Þa hafde al þat lond Aurilie an his hond.
f. 93b Þer wes þe aðele eorl Aldolf ihaten;
he wes of Gloucestre, cnihten alre glæuest;
þær Aurilie i þan ærde makede hine stiwærd. 390
Þa hæfde Aurilien and Vther his broðer
heore ifan auelde and weoren þerfore þe bliðere.
Þis iherden Hengest, cnihten alre strengest;
þa wes he auæred feondliche swiðe.
He fusde his ferde and flæh touward Scotten, 395
and Aurilie þe king æfter him uerde an hiȝinge,
and Hengest þuhte þat he walde, mid al his mon-uerde,
ȝif me onsohte him, fleon into Scotte,
þat he mihte mid wiȝele þanene atwinden,
ȝif he ne mihte i þan londe uor Aurilie at-sto[n]de. 400
Aurilie ferde uorð and droh his folc riht norð
mid alle his imihte fulle seouen nihte.
Bruttes weoren balde and rehten ouer walde.
Þa hafde Aurilien vnimete uerde;
he funde west lond, leoden ofslæȝene, 405
chiriches furbarnde, Bruttes forswæled.
Þa sæide Aurilie þe king, Bruttene deorling:
'Ȝif ich mot ibiden þat ich aȝæn ride,
and hit wulle Drihte, þe scop þes daȝes lihte,
þat ich mote mid isunde biȝite mine ikunde, 410
chirchen ich wulle arære and God ich wulle hæren;

380 swælden] slælden 391 broðer] brodrer

ich wulle alche cnihte ȝeuen his irihte f. 93va
and auerælche beorne, þan ælden and þan ȝungen,
ich wulle milden wurðen,
ȝif Godd me wule ivnnæ min æðel to biwinnen.' 415
To Hengeste comen tidende of Aurilie þan kinge.
Þa spac Hengest, cnihten alre swikelest:
'Hærcneð nu, mi men, monscipe eou is ȝiueðe.
Her cumeð Aurilie, and Vther his broðer eke;
heo bringeð swiðe muchel folc, ah alle heo beoð fæie. 420
For vnwis is þe king, swa beoð his cnihtes,
and a cnaue is his broðer, þe an alse þe oðer.
Þerfore maȝen Bruttes beon muchele þe vnbaldur;
þenne þat hæfd is unwræst, þe hælp is þæ wurse.
And wel ȝe hit maȝen imunen þat ich wulle mæinen: 425
betere beoð ure fifti þænne heore fif hundred.
Þat heo feole siðen ifonded habbeoð
seoððen heo an londe fondeden leoden.
For cuð hit is wide of ure wiðerdeden
þat we beoð kempen icud mid þan bezsten. 430
We scullen aȝen heom stonden and driuen heom of londen
and walden þas riche after ure iwille.'
Þus bælde Hængest, cnihten alre hændest,
balde his ferde, þer heo wes an felde,
ah oðer weies hire was idiht ær come seouen niht. 435 f. 93vb
Forð comen þa tiðinde to Aurilie þan kinge
whær Hengest wunede buuen are muneðe.
Aurilien hafde to iueren þritti þusend rideren
baldere Brutten, þe heore beot makeden,
and æc he hafde Walisce wunder ane monie. 440
Þa lette he his cnihtes, dæies and nihtes,
æuere beon iwepned, alse heo to wiȝe scolden;
for auere he care hafde of heðene uolke.
Þa iherde Hengest þat Aurilien wes on uast,
nom he his ferde and fusde him toȝaines. 445
Þa wes Aurilie wær þat Hengest wolde cumen þær,
he uærde in ane velde, wel iwepned under scelde;

nom he forðrihtes ten þusend cnihtes,
þa weoren bezst iboren and of his ferde coren,
and setten heom a þan felde auoten under scelde. 450
Ten þusend Walisce he to wude sende;
ten þusend Scottes he sende bihalues,
þe hæðene to imete bi stiȝen and bi straten;
himseolf he nom his eorles and his aðele kempes
and his holdeste men, þa he hæfde an londe, 455
and makede his sceld-trume, swulc hit weoren an hær wude;
fif þusend þer riden, þa sculden al þis folc biwiten.
Þa cleopede Aldolf, eorl of Gloucestre:
f. 94a 'Ȝif hit me on Drihte, þe alle domes waldeð,
þat ich mote ibide þat Hængest cume riden, 460
þa is a þissen londe swa longe atstonde
and biswac mine leofe freondes mid longe his sæxes
bisiden Amberesburi mid ærmliche witen,
ah ȝif ich mihte of þan eorlen þat aðel me biwinnen,
þenne mihte ich suggen soð quides mine 465
þat me hafde Godd seolf godes iunnen,
ȝif ich mine ifan fallen to grunde anan
and wræken mi deore cun, þat heo habbeoð ilæid adun.'
Vnneæðe wes þis spel isæid to þan ende
þa iseȝen heo Hængest halden ouer dune. 470
Mid vnimete ferden feondliche heo fusden;
tosomne heo comen and feondliche heo sloȝen;
þer þa ræȝe men togæderen heom ræsden;
helmes gunnen gullen; cnihtes þer feollen;
stel eode wið þan ban; balu þer wes riue; 475
urnen inne strete stremes of blode;
faȝeden þa feldes and þat gras falewede.
Þa iseh Hængest þat his help trukede,
þa hald he fram fæhte and bihalues flæh,
and his folc after fusde biliue. 480
Þa Cristine liðen after and heom on læiden
and cleopeden Crist, Godes sone, beon heom a fultume,
and þe heðene leoden æc lude cleopeden:

'Ure godd Teruagant, whi trukest þu us an hond?'
Þa Hengest isæh þa hæðene ibuȝene 485
and þa Cristine men cumen heom anufene, f. 94b
þa fleh Henges[t] þurh and þurh þat he com to Kunigges-
burh;
i þare burh he wende burh to brukene,
and þe king Aurilien after wende anan
and clepede to his leoden ludere stæuene: 490
'Ærneð æuere vorð and vorð! Hengest is ifaren norð!'
And heo him after buȝen þat heo to burhȝe comen.
Þa isæh Hengest and his sune al þa uerde heom after cumen,
þa sæide Hengest, cnihten alre wraðest:
'Nulle ich na mare fleon, ah nu ich wulle fihten, 495
and mi sune Octa and his wed-broðer Ebissa,
and al mi mon-uerde sturieð eouwer wepnen,
and fare we heom toȝænes and makien feond-slæhtes,
and ȝif we hom ne falleð, þænne beon we fæie,
ilæid on felde and freonde bidælde.' 500
Hengest bah a þene wald and bilæfde al his teld
and makede his sceld-trume al of his hæðene gumen.
Þa com Aurilie þe king and moni þusend mid him
and bigunnen þer oðer fæht þe wes feondliche stærc.
Þer wes moni græt dunt idæld i þan compe; 505
þer weoren þa Cristine wel neh ouercumene.
Þa comen þer uaren fif þusend rideren,
þa Aurilie hafde an horse to fihten;
heo smiten a þan hæðene þat heo adun helden;
þer wes feht swiðe stor eornest ful sturne. 510
I þan fæhte com þe eorl Aldolf of Gloucetre f. 94ᵛa
and ifunde Hengest, cnihten forcuððest,
whar he feondliche faht and þa Cristine feolde.
Aldolf his gode sweord adroh and uppen Hengest sloh,
and Hengest warp þene sceld biuoren, and ælles weoren his
lif forloren, 515
and Aldolf smat i þene sceld þat he atwa toscænde,
and Hengest him leop to, swulc hit a liun weore,

and smat an Aldolfes helm þat he atwa tofeol.
Þa heowen heo mid sweorde—þa swipen weoren grimme—
fur flæh of stele ofte and wel ilome. 520
Vnder are stunde þa leop Aldolf to [grunde]
and isæh him Gorlois, þat wæs a kene gume fuliwis;
of Cornwale he wes eorl; he wes widene cuð.
Þa wes þæ beorn Aldolf muchele þe balder
and hæf hæhȝe his sweord and lette hit adun swippen 525
and smat Hengest a þan hond, þat he forlette his brond,
and [an] hiȝinge hine igrap mid grimme his læchen
bi þere burne hode, þa wes an his hafde,
and mid muchelere strengðe hine adun swipte,
and seoððe he hine up bræid, swulc he hine tobreken wolde, 530
and mid ærmen hine bisprædde and forð hine lædde.
Nu wes Hengest inumen, þurh Aldolf þene æhte gume.
f. 94ᵛb Þæ cleope[de] Aldolf, þene eorl of Gloucestre:
'Hengest, nes þe noht swa murie swa þe wes bi Ambresburie,
þer þu þa sæxes droȝen and Bruttes ofsloȝen; 535
mid muchele swikedome þu mi cun sloȝe.
Nu þu scalt læn leosen and losie þine freonden,
mid reoliche witen an worlde forwurðen.'
Hengest eode stille; ne isæh he help nenne.
Aldolf hine ladde to his leod-kinge 540
and grætte þene leod-king mid leofliche worden:
'Hail seo þu, Aurilien, aðeles cunnes!
Her ich bringe þe biuoren þe wes þines cunnes bone,
Hengest þene heðene, þe hærm us hafueð iuræmmed.
Godd hit me iuðe þat ich hine igripen habben. 545
Nu ich hine ȝiue þe, uor monne leofuest ært þu me;
and let þine hired-childeren pleien mid þissen hunde,
scotien mid heore flan and his cun scenden anan.'
Þa andswarede þe king quicliche steuene:
'Edi seo þu, Aldolf, eorlene aðelest! 550
Þu ært me leof al swa mi lif; leoden þu scalt beon alder.'

544 iuræmmed] iuræinned 547 let] þet

Þer me nom Hengest and þer me bond Hengest;
þer wes þa Hengest cnihten alre ȝeomerest.
Þis feht wes ouercumen, and þa hæðene fluȝen.
Þa iseh Octa þat his fader wes ful wa 555
and Ebissa his wed-broðer; buȝen heom togadere f. 95a
and fluȝen into Eouuerwic mid ærmðen inoȝe
and greiðeden walles, to halden þa halles.
Summe þa hæðene to þan wude iwenden,
þær þat ganninde folc læiden heom to grunde. 560
Þa wes Aurilian þe king iquemed wel þurh alle þing;
he wende into Cuningesburh mid his driht-folke
and þankede Drihten swulchere mihten.
Þreo dæies and þreo niht þe king wunede þarriht
to lechinien þa wunden of leofenen his cnihten 565
and baðien on burȝe heore wærie ban.
Þa þe þridde dæi com and þat folc hafde imaked non,
þa lette þe king blawen and beonnede his eorles;
þa heo comen to hustinge to Aurilie þan kinge.
Þa heo togadere comen, þe king heom axede sone 570
whæt heo him radde þat his riche men weoren,
a wulchere witen Hengest scolde forwurðen,
and hu he mihte bezst wreoken his leofueste freondes,
þe anfest Amberesburi leien biburide.
Þa stod up Ældadus and wið þene king he spac þus— 575
towardes Gode he was god; he wes an hali biscop,
Aldolf eorles broðer; nefde he nenne oðer:
'Lauerd king, lust nu me what ic wullen tellen þe. f. 95b
Ich wulle makien þene dom hu he scal beon fordon,
for he is on leode monnen us laðest 580
and haueð ure kun ofslæȝen and idon of lif-dæȝen,
and he is an hæðene hund; helle he scal isechen;
þer he scal sinke for his swikedome.
Lauerd king, hærcne me wat ich þe wulle tællen.
A king wes in Jerusalem Saul wes ihaten; 585
þe wes in hæðenesse king of muchele mæhte,

556 buȝen] buȝeȝen

Agag wes ihaten; Jerusalem he hatede;
he wes king of þe Amalæh; þe Wurse him wes ful nieh.
Auere he hatede Jerusalem mid hærmen þan mesten;
nolde he neouere heom ȝiuen grið, ah auere he heom stod
wið; 590
he heom barnde, he heom sloh, he dude heom sorȝen inoh.
Hit ilomp in ane time þat þe sunne gon to scine;
þa sat Agag þe king inne his hæh sættele;
meinde his fæie blod and muneȝede hine to fusen.
He cleopede his cnihtes anan uorðrihtes: 595
"Swiðe to eouwer steden, and forð we scullen riden!
We sculleð bærnen and slæn al ibuten Jerusalem."
Forð wende þe king, and muche ferde mid him;
þat lond heo gunne þurhærnen and þa tunes furbernen.
f. 95va Þat iseȝen þa men þe wuneden inne Jerusalem 600
and heo heom toȝeines, cnihtes and sweines,
and fuhten wið þene king and mid fæhte hine ouercomen
and al his folc sloȝen and Agag heo king nomen,
and swa heo mid him comen to Saul þan kinge.
Þa wes Saul þe king bliðe þurh alle þing. 605
Þe king axeden ræd at his riche anan
whæðer he mihte him bet don oðer slæn oðer anhon.
Þa leop up Samuel, a witiȝe of Israel;
he wes swiðe hali mon, hæh touward Drihten;
nuste na mon i þan dæȝen swa heh mon an Godes laȝen. 610
Samuel nom Agag þene king and lædde hine a þan cheping
and lette hine swiðe sterke to ane stake binde
and nom mid his riht hond ænne durewurðe brond,
and þus cleopede him on Samuel þe gode mon:
"Þu hattes Agag þe king. Nu þu ært an ærming! 615
Nu þu scalt fon þat læn þat þu forferdest Jerusalem,
þat þu hauest þas hæȝe burh swa swiðe forworht
and monienne godne mon islæȝen and idon of lif-dæȝen.
Swa ich ibide are, ne scalt þu nauermare."
Samuel þat sweord anhof and hærdeliche adun sloh 620

607 him] hime 614 gode] godes

and al toswadde þene king in Jerusalemus chepping
and þa stucchen tarueden wide ȝeond þa straten. f. 95vb
Þus tok Samuel on, and swa þu aȝest Hengest don.'
Þis iherde Aldolf, þe eorl of Glocetere.
Touward Hengest he leop, swulc hit a liun weore, 625
and igrap hine bi þan toppe and hine æfter him halede
and ladde hine þurh and þurh and þurhut Cuningesburh,
and wiðuten þere burhȝe he hine lette binden.
Aldolf his swored adroh and Hengestes hafd ofsloh,
and þe king hine nom forðrihtes, for he wes swa oht cniht,
and læide hine in eorðe after heðene laȝen 631
and bad for þere sæule þat hire neuere sæl neore.
And nu Aurilie þe king lette beode husting
and lætte blawen bemen and bonnien his ferde.
Folc þer wes sellic and ferden riht to Euerwic 635
and biclusden þer wiðinnen Octa mid his monnen.
Þe king lette deluen ænne dich al abuten Eouerwic,
þat ne mihte þer na man neoðer ute no in gan.
Þæt isæh Octa—þerfore him wes wa—
and his hæðene folc, þe he hafde an burȝe, 640
heo nomen heom to ræde what heo don mæhten,
and þus spac Octa wið his iuere Ebissa:
'No[u] ich habben me biþoht wh[a]t ich don wulle.
Ich and mine cnihtes scullen forðrihtes
in ure bare brechen gan ut of burȝen, 645
ræmen a mine swore ænne raketeȝe f. 96a
and cumen to þan kinge, his mildce biddinde.
Ælles we beoð alle dæde, buten we fulien þissen ræde.'
Alle heo duden swa swa heom radde Octa;
duden of claðes karefulle cnihtes, 650
and eoden ut of burhȝe blaðe þeines,
tweiene and tweiene twenti hundred.
Þis biheold Aurilien, aðelest kingen;
seolcuð him þuhte of þan nakede cnihten.

627 ladde] landde 638 in gan] igan 653 aðelest] alðelest

Tosomne comen þa ferde, þat læi ȝeond þan ærde; 655
iseȝen Octa cumen, þat wes Hengest sune.
He bar an his honde ænne raketeȝe longe;
he com to þan kinge and biuoren his hære-dringe
he feol uppen uolde; þas kinges fæt isohte;
and þas word seide þa Hengestes sune Octa: 660
'Imilze, mi lauerd king, þurh þene milde Godd!
For luue of God Almihten, haue milce of mine cnihten!
for alle ure heðenescipe hæne is iwurðen,
laȝen and ure leoden, for laðe we beoð Drihten,
for us is itruked an hond Appollin and Teruagant, 665
Woden and Mercurius, Jubiter and Saturnus,
Venus and Didon, Frea and Mamilon,
and alle ure laue nu us sunde laðe;
ah we wulleð ileuen in leofen þine Drihten,
f. 96b for al hit trukeð us an hond þat we to temden. 670
We ȝeorneð þine are, nu and auueremare.
Ȝif þu me wult griðien and þu me wult friðien,
we þe wulleð to teon and þine holde men beon,
luuien þine leoden and þine laȝen halden.
Ȝif þu þet nulle, do þine iwille, 675
whaðerswa þu wult don, þa us slan þa us anhon.'
And þe king wes mild-heorte and heold hine stille;
he biheold a riht hond, he biheold a lift hond,
wulc of wiisen ærest spæken wolden.
Alle heo weoren stille and swiȝeden mid stæuen; 680
nes þer nan swa hæh mon þat durste word sciren;
and æuere læie Octa æt þes kinges foten swa;
alle his cnihtes leien him biæften.
Þa spac Aldadus, þe gode biscop, and seide þus:
'Æuere hit wæs and a hit bið, and ȝet hit us bihoueð, 685
þene we milze ȝeorneð þat we milze habben;
wurðe he is milze þe wurðeliche heo biddeð.
And þu seolf, læuerd king, leoden þu ært ælder,
imilze þu Octa and his iueren alswa,

672 griðien] griðens   friðien] fruðien   675 nulle] wulle

ʒif heo wulleð Cristindom mid gode lefuen vnderfon, 690
for ʒet hit mai ilimpen i summere leoden
þat heo maʒen Drihten duʒeðliche hærien.
Nu stont al þis kinelond a þire aʒere hond. f. 96ᵛa
Bitec heom enne stude, þer þe bið iqueme,
and nim of heom ʒisles, swulche þu wult ʒirnen, 695
and let heom wel halden in irene benden,
finden þan ʒislen mete and clað, finden al þat heom bið leof;
and þenne miht þu wel halden þis moncun i þine londe,
and let heom tilien þat lond and libben bi heore tilæhðe.
Ʒif hit seoððen ilimpeð sone þerafter 700
þat heo trukieð an hond treouðen to halden
and wakieð mid wærke and þe wiðer haldeð,
nu ich þe demen þene dom whæt þu miht seoððen don:
let riden heom to ræhliche swiðe,
and let heom alle fordon, spillen and æc anhon. 705
Þis ich þe deme; Drihten hit ihere!'
Þa andswarede þe king quickere stefne:
'Al swa ich wulle don swa þu hauest idemed.'
Þus spac þe king þa: 'Aris up, Octa!
Þu scalt swiðe wel don: vnderuoh Cristindom.' 710
Þer wes iuulʒed Octa, and his iueren alswa
and alle his cnihtes, i þan stude uorðrihtes.
Heo nomen heore ʒisles and ʒeuen þan kinge;
þreo and fifti children heo bitæhten þan kinge,
and þe king heom sende bisiden Scotlonde. 715
Aðes heo sworen swiken þat heo nalden.
Þe king bitahte [heom an] hond sixti hidene lond;
þeron heo wuneden wel feole wintren. f. 96ᵛb
Þe king wes inne Eouerwic; aðele him þuhte.
He nom his sonden and sende ʒeond his londe; 720
hæhte his biscopes, his boc-ilærede men,
eorles and þeines, cumen him toʒeines,
to Aurilie þan kinge, to muchele hustinge.
Hit iwærð sone þat heo gadere comen.

704 ræhliche] ræhliliche

Þe king his folc grætte mid fæire his worden; 725
he wilcumede eorles, he wilcumede beornes,
and þa biscopes and þa boc-ilærede men:
'Ich eou wulle suggen mid soðe worden
whi ich eou æfter sende and for wulche þingen.
Her ich aȝeuen ælche cnihten is cunden and his rihten 730
and æuerælche eorle and æuerælche beorne
þat he mæi biwinnen, bruken hit mid wunnen,
and ælche monnen bi his life ich hate grið luuien.
Ich hæten eou wurchen and bulden þa chirchen,
bellen leten ringen, Godes lof singen, 735
heren mid ure mihten leofe ure Drihten,
ælche mon bi his mæhte halden sibbe and sæhten,
læten tilien þat lond, nu hit is al a mire hond.'
Þa þis dom wes isæid, alle heo leofden þisne ræd.
Þe king heom ȝef leoue þenne to liðe; 740
ælc uærde heomward, swa heom bezst þuhte.
Seouen niht fulle þe king læi þer stille
f. 97a and seoððen he gon liðe into Lundenne
to gladien þat burh-folc, þat ofte weoren bisie.
He letten stronge walles; he lette bulden halles, 745
and rihte al þa workes þe ær weore tobrokene,
and aȝef heom alle þa laȝen þe stoden bi heore ælderne dæȝen;
he makede þer reuen þan uolke to reden,
and þenenen he gon wenden riht to Winchæstre,
þer he lette wurchen [halles and chirchen], 750
þer him þuhte swiðe muri; seoððen he uerde to Ambresburi,
to þan leerstowe of leofuen his freonden,
þa Hengest mid cniuen þer aquald hæfuede.
He lette axien anan men þat cuðen hæuwen stan,
and æc gode wurhten, þe mid æxe cuðe wurchen. 755
He þohte wurche þer a werc wunder ane ueire,
þat a sculde ilasten þa while men luueden.
Þa wes inne Kaerliun a biscop þe hahte Tremoriun;
he wes swiðe wis mon inne weorld-richen;

739 þis] þus 758 Kaerliun] Kaerlium

mid þan kinge he wes ouenan þæ walde. 760
And þus Tremorien, Godes dring, spæc þer wið þene king:
'Lust nu me, Aurilien, what ich þe wulle cuðen,
and ich þe wullen suggen sælest alre ræden.
3if þu hine wult luuien, æft he þe likeð.
We habbeoð ænne wite3e, Mærlin is ihaten. 765
3if æi mon hine mihte ifinden uppe þissere wælden f. 97b
and to þe ibringen, þurh æies cunnes þinge,
and þu his iwille dri3en woldest,
he þe wolde runen selest ræden
hu þu mihtest þis weorc makien strong and sterk, 770
þet a mihte ilæsten þa while men leoueden.'
Þa andswarede þe king—þas wordes him weoren iqueme:
'Leoue freond, Tremoriun, al þis ich wulle don.'
Þe king sende his sonde 3eond al his kinelonde
and bad æuerælcne mon axien after Mærlin, 775
and 3if me hine mihten ifinden bringen hine to þan kinge;
he him wolde 3ifuen lond, boðe seoluer and gold,
and a weorl-richen dri3en his iwille.
Þa sonden gunnen riden widen and siden;
summe heo uerden riht norð, and summe heo uerden suð forð; 780
summe heo uerden riht æst, and summe heo uerden riht west;
summe heo uerden anan þat heo comen to Alæban,
þat is a wælle inne Wælsce londe.
Þe wælle he lufode and ofte hine þerinne baðede;
þa cnihtes hine funde, þer he sat bi þan stronden. 785
Sone swa hine imetten, fæire heo hine igrætten,
and þus him to forðrihtes sæiden þa tweien cnihtes:
'Hail seo þu, Mærlin, monnene wisest!
Bi us þe gon græten þat is a godful king, f. 97va
Aurilian ihaten, að[el]est alre kingen. 790
Stont al þis muchele lond in Aurilies kinges hond.
Faire he þe bisecheð þat þu him to bu3e,
and he þe wule 3iue lond, boðe seluer and gold,

786 imetten] inettē

ȝif þu an riche ræde wulle þan kinge.'
Mærlin andswerede þa, þæt cnihten wes ful wa: 795
'Ne recche ich noht his londes, his seoluer no his goldes,
no his claðes no his hors; miseolf ich habbe inowe.'
Þa sat he stille longe ane stunde.
Þas cnihtes weoren afæred þat he fleon wolde.
Þa hit alles up brac, hit wes god þat he spæc: 800
'Ȝit beoð tweiene cnihtes icumen her-rihtes.
Ȝurstendæi ær none ich wuste þat ȝe comen,
and, ȝif ich swa walde, ne mihte ȝe me finden.
Ȝe bringeð me gretinge from Aurilie þan kinge.
Ich cneou his cnihtes ær he come to londe, 805
and ich icneou þene oðer, Vther his broðer;
f. 97ᵛb ic icneou beien ær heo iboren weoren,
þæh ich nauer nouþer mid eȝen ne iseȝe.
Ah walawa! walawa þat hit is idiht swa
þat þe leodene-king leng ne mot liuien! 810
Ah nu ich wulle fusen and beon eouwer ifere;
to þan kinge ich faren wulle and driȝen his iwille.'
Forð ferde Mærlin and þa cnihtes wið him
swa longe þat heo comen to þan leod-kinge.
Komen to þan kinge wil-tidende; 815
næuer ær an his liue nes þe king swa bliðe
for næuere nanes monnes cume þe him to come.
Þe king to his stede and ut him gon ride,
and alle his cnihtes mid him, to wulcumen Mærlin.
Þe king hine imette and fære hine igratte; 820
he hine iclupte, he hine custe,
he hine cuðlæhte.
Muchel wes þe murhȝe i þan mon-uerede
al for Marlines cume, þe nes nanes monnes sune.
Wale þat an worlde næs nan witie 825
þat auere wuste here whes sune he weore,
buten Drihten ane, þe wlæt al clane!
f. 98a Þe king lædde to bure Mærlin, þe wes deore;

810 liuien] luuien 828 lædde] lælde

he hine fræinien gon mid fæire his worden anan
þat he dude him to vnderstonde of þan weorldes ȝeongen 830
and of al þan ȝeren þat to cumen weoren,
for hit weoren him swiðe iwil þat he þerof wuste.
Mærlin andswerede þa and to þan kinge seide swa:
'O Aurilie, þe king, þu fræinest me a sellic þing.
Loke þat þu na mare swulc þing ne iscire. 835
For mi gæst is bæl iwis, þa a mire breoste is,
and ȝef ich among monnen ȝelp wolde makien
mid gladscipe, mid gomene, mid godfulle worden,
mi gast hine iwarðeð and wirð stille
and binimeð me min iwit and mine wise word fordut; 840
þenne weore ich dumbe of æuerælche dome.
Ah bilef swulche þinges,' quæd Mærlin to þan kingen,
'for whan swa cumeð neode to auer æi þeode,
and mon me mid mildescipe wulle me bisechen,
and ich mid mine iwille mote wunien stille, 845
þenne mæi ich suggen hu hit seoððen scal iwurðen. f. 98b
Ah ich þe wulle ræden of nexte þire neoden
and sugen þe her-riht what þu hauest an heorten.
A ueld is bi Amberesburi, þe is brad and swiðe muri;
þer wes mid cniuen þi cun idon of liuen; 850
þer wes moni bald Brut biswiken to þan deðe;
and þenchest þene stude mid wurðcipe igraten,
mid sælcuðe wærcken wurðien þa dæde,
þat þer scal stonden to þere worlde longe.
Ah nauest þu neuere nenne mon þe cunne awiht þe[r]on,
þe cunne wærc makien, þe nauere nulle trukien. 856
Ah ic þe wulle ræden to swulchere neode
for ich wat a wærc mid wundere bistonde,
for þat weorc stondeð inne Irlonde.
Hit is a swiðe sellic þing; 860
þat weorc is of stane, swulc ne beoð oðer nane;
swa wid swa is weorlde-riche nis nan weorc his iliche.
Þa stanes beoð muchele and mahten heo habbeoð:

858 wat] what

þa men þe beoð unhal heo fareð to þan stane
and heo wasceð þene stan and þermide baðieð heore ban;
f. 98va umbe lutle stu[n]de heo wurðeð al isunde. 866
Ah þe stanes beoð muchele and unimete græte,
for nis nauere na mon iboren i nauere nare burhȝe
þe mihte mid strengðe þa stanes þenne bringe.'
Þa andswarede þe king: 'Mærlin, þu sæist sællic þing, 870
þe nauere nan iboren mon ne maie heom bringen þenne
no mid nare strengðe of þan stude lade,
hu mihte ich þenne heom bringen þeonne?'
Þa andswerede Mærlin þan kinge þat spac wið him:
'Ȝuse, ȝuse, lauerd king, hit wes ȝare iqueðen 875
þat betere is liste þene ufel strenðe,
for mid liste me mai ihalden þat strengðe ne mai iwalden.
Ah somne þine uerde and far to þan ærde,
and þu mid þe lede gode monne uerde,
and ich wulle mid þe—þi monscipe bið þe mære! 880
Ær þu aȝæn wende, þine iwille þu scalt habben,
and þat weorc þu scalt bringen mid þe to þissen londe,
and swa þu hit scalt leden to þere lich-raste
and wurðien þene stude þer þine wines liggeð,
and þu seolf scalt þerin þine ban resten; 885
þenne þi lif endeð, þer þu scalt resten.'
Þus seiden Mærlin and seoððen he sæt stille,
f. 98vb alse þeh he wolde of worlden iwiten.
Þe king hine lette bringen into ane fære bure
and wunien þerinne æfter his iwille. 890
Aurilie þe king lette beoden husting
of alle þan londe þa stod an his honde;
he bad him ræde to swulchere neode,
and heo him wel rædden, riche his beornes,
þat he dude þene ræd þat Mærlin him hauede isæd, 895
ah heo nælden leden þene king ut of þis londe,
ah heo curen heom to ældre Vther þene gode
and fiftene þusend cnihten, fæire iwepned,

867 unimete] uninete 873 þenne] heom þenne 895 isæd] isað

baldere Brutten, þa þider sculde buȝen.
Þa þas ferde wes al ȝaru, þa bigunnen heo to faren 900
mid alle þan bezste scippen þæ bi þære sæ stoden
and ferden swa longe þat heo comen to Irlonde,
and þa hauene nomen þæ cnihtes wel idone;
heo eoden uppen sæ-strond and biheolden Irlonde.
Þa spæc Mærlin and spilede mid worden: 905
'Iseo ȝe nu, ohte men, þene muchelne hul,
þe hul swa swiðe hæh; þere weolcne he is ful neh.
Þat is þat seolliche þing; hit hatte þere Eotinde Ring,
elches weorkes unniliche; hit com of Aufrike.
Slæð eower teldes ȝeond al þas feldes. 910
Her we scullen ræsten to þreom dæȝen uirsten;
i þan feorðe dæiȝe we scullen heonne fusen
touward þan hulle, þer is ure iwille. f. 99a
Ah we scullen us ær baðien and bonnien ure beornes,
græiðien ure wepnen, for wel heo us bihoueð.' 915
Þus hit bilæfde and þer læie þa ferde.
Þeo ahte Irlond a king þat wes swiðe strong;
he hæhte Gillomaurus; gomenen he wes lauerd.
Him comen þa tiðende þat Brutes weoren an londe.
He lette beoden ferde ȝeond alle Irlondes ærde 920
and he gon þretien swiðe þat al he wolde heom todriue.
Þa þat word him com to þat Brutes wolden þer don
and comen to þan anes to fæchen þa stanes,
þa þe king Gillomar makede muchel hoker and scarn
and seide þat heo weoren sotten iueren, 925
þat ouer sæ brade þider weoren iliðene,
to sechen þer stanes, ase in heore londe neoren nane,
and swor a Seint Brændan: 'Ne scullen heo læden ænne stan,
ah for þan stanen heo scullen ibiden alre baluwenen mæst,
heore blod ȝeoten ut of heore buken, 930
and swa me scal heom tachen stanes to sæchen.
And seoððen ich wulle buȝen into Brutlonde
and suggen þan king Aurilie þat mine stanes ich wullen werien,

910 teldes] teldest

and buten þe king beon stille and don mine iwille,
ich wulle in his londe mid fæhte at[ston]den, 935
f. 99b maken him weste paðes and wildernes monie,
widewen inoȝe; heore weres scullen deȝe.'
Þus þe vnwise king plaȝede mid worden,
ah al anoðer hit iwærð, oðer he iwende.
Ȝaru wes hes ferde, and forð heo gon fusen, 940
swa longe þat heo comen þer læien Brutes on.
Togaderen heo comen and hærdliche on sloȝen
and fuhten feondliche; feollen þa fæie.
Þa Irisce weoren bare and Bruttes iburnede;
þa Irisce fullen and wriȝen al þa feldes, 945
and þe king Gillomar gon him to fleonne þar
and flæh forðrihtes, mid twenti of his cnihtes,
into ænne muchele wude, wurðscipen biræiued;
wes his Irisce uolc mid stele iualled.
Þus wes þe king iscænd and þus he endede his ȝelp 950
and þus to wude ferde and lette his folc fællen.
Þa Bruttes biheolden þa dede ȝeond þan vælden;
seouen þusend þer leien, liues bidæled.
Bruttes ȝeond þan uælden ferden to heore telden
and heore gode wepnen wurðliche bihoȝeden 955
and þer heo gunnen ræsten, alse Merlin heom radde.
I þan feorðe dæie þa gunnen heo fusen
and ferden to þan hulle, iwæpned wel alle,
þer stod þat seolkuð werc, muchel and swiðe sterc.
Cnihtes eoden upward; cnihtes eoden dunward; 960
cnihtes eoden abuten and ȝeorne biheolden.
f. 99va Iseȝen þer on londe sellic werc stonden.
Þer weoren a þusend cnihtes mid wepnen wel idihten,
and alle þa [o]ðer to iwiten biwusten wel heore scipen.
Þa spæc Merlin and spileden mid þan cnihten: 965
'Cnihtes, ȝe beoð stronge; þas stanes beoð græte and longe.
Ȝe mote neh gon and neodliche heom fon on;
ȝe mote uaste heom wriðen mid strongen sæil-rapen,
scuuen and hebben, mid hæȝere strenðe,

treon græte and longe, þat beon swiðe stronge, 970
and gað to ane stane ȝe alle glæne
and cumeð mid stre[n]gðe, ȝif ȝe hine maȝen sturien.'
Wel wuste Merlin hu hit sculde iwurðen.
Þa cnihtes tostepen mid muchelere strengðe;
heo swunken ful swiðe, ah næfden heo syȝe 975
þat heo auer æine stan sturien mahten.
Merlin biheold Vther, þe was þe kinges broðer,
and þas word sæide Merlin þe witeȝe:
'Vther, tih þe aȝan and bonne þine cnihtes
and stondeð al abuten and ȝeorne bihaldeð 980
and beoð alle stille, þat na man þer ne sturie
ær ich sugge eou nu anan hu we scullen fon on.'
Vther droh hine abac and bonnede his cnihtes,
þat ne bilafden þer nane aneoweste þan stane,
al swa feor swa a mon mihte werpen ænne stan, 985 f. 99ᵛb
and Mærlin eode abuten and ȝeornen gon bihalden.
Þrie he eode abuten, wiðinnen and wiðuten,
and sturede his tunge, alse he bede sunge.
Þus Merlin dude þer; þa cleopede he Vðær:
'Vther, com swiðe, and alle þine cnihtes mid þe, 990
and winneð þas stanes alle; ne scullen ȝe læuen nænne;
for nu ȝe maȝen heom hebben swulche veðerene balles,
and swa ȝe sculleð heom mid ræde to ure scipen lede.'
Þeos stanes heo ladden, swa Merlin heom radde,
and duden heom in heore scipen and seileden uorð to iwiten,
and swa heo gunnen wenden into þissen londe 996
and ladden heom in ann velde, þe is wunder ane brad;
he is brad and swiðe muri onuæst Ambresburie,
þer Hengest biswæc Bruttes mid sæxen.
Mærlin heom gon ræren, alse heo stoden ærer, 1000
swa næuer nan oðer mon þene craft ne cuðe don,
ne næuer ær þer biforen nes na mon swa wis iboren
þat cuðe þet weorc rihten and þa stanes dihten.
Þat tidende com to þan kinge i þan norð ende

989 þa] ꝥ 992 hebben] habben

of Merlines fore and of Vthæres his broðer, 1005
þat heo weoren mid isunde icumen to þissen londe,
and þat þat worc wes al idiht and iset up riht.
f. 100a Þe king wes an breoste wunder ane bliðe
and lette beode hustinge, swa wid swa wes al his lond,
þat al his folc swa swiðe muri come to Amberesburi, 1010
al his drihtliche uolc to White-Sunedæie.
Þider com Aurilie þe king and al his folc mid him;
a Whiten-Sunendæie he þer wærf makede,
alse ich þe wulle telle a þisse boc-spelle.
Weoren a þan walde teldes itælded, 1015
in þan brade uelde, niȝe þusend teldes.
Al þan Whiten-Sunendæi þe king a þan uelde læi;
hæt halȝien þe stude þe hæhte Stanhenge.
Þreo dæies fulle wunede þe king stille;
i þan þridde dæie heȝe wurðede his duȝeðe; 1020
he makede tweie biscopes wunder ane gode,
Seint Dubriz to Kaerliun, to Eouuerwic Seint Samson;
beien heo iwurðen hali and mid Gode haȝe.
I þan feorðe dæie duȝeðen todælden,
and swa ane stunde hit stod a þan ilken. 1025
Þa ȝet þer wes a luðer gume, Passent, Vortigernes sune;
wes þe ilke Passent into Wælisc londe iwent,
and þer a þen ilke daȝen wes bicumen utlaȝe.
f. 100b Ah ne durste he noht longe wunien þer for Aurilie and for
Vther,
ah he biȝet scipen gode and ferde bi sæ-flode; 1030
into Alemaine he uerde mid fif hundred monnen
and þer he biwon muchel uolc and makeden scip-ferde
and for swa longe þat he com to þisse londe,
into þere Humbre, þer he hærmes worhte.
Ah ne durste he noht longe i þan ænde atstonde. 1035
Þe kin[g] ferde þiderward and Passent fleh aweiward
after sæ swa longe þat he com to Irlonde.
Sone he þer funde þene king of þan londe;
his heorte wes swiðe sær, he grette þene king Gillomar:

'Hail seo þu, Gillomar, gumene ælder! 1040
Ich æm to þe icume; ich wes Vortigernes sune;
mi fader wes Brutlondes king; he luuede þe þurh alle þing,
and ʒif þu woldest toʒere beon þider min iuare,
swa wit sculden ispæcken and minne fader wel wreken
and wel wreken þi folc, þat Vther her qualde, 1045
and þi selcuðe wærc, þat heo heonne droʒen.
And æc ich iherde suggen, þer ic ferde inne sæ,
þat þe king Aurilien seoc is iwurðen
and lið inne Winchæstre a bedde ful faste. f. 100va
Þu miht ileue me inoh, for þis is witerliche soð.' 1050
Passent and Gillomar makeden heore forward þar;
aðes heo sworen, monie and unifohʒe,
þat heo wolden al þis lond sætten on hæore tweire hond;
þe aðes weoren isworene ah æft heo weoren forlorene.
Þe king gadere[de] ferde wide ʒeond his ærde. 1055
To þere sæ beoð iwende Gillomar and Passen[t];
into þan scipen eoden and forð heom letten gliden.
Forð heo wenden biliue þat heo comen to Meniue,
þat wes a þan time tun swiðe hende,
þat mon nu iwitterli clepeð Seint Deouwi. 1060
Þer heo nomen hauene mid heʒere blisse.
Scipen eoden a þat strond; cnihtes eoden a þat lond.
Þa sæide Passent—touward Gillomar he went—
'Seie me, king Gillomar, nu we beoð icumen her.
Nu ich sette þe an hond halfendæl þis kinelon[d], 1065
for is of Winchastre icume to me anes cnihtes sune,
and sæið me swulne ræd, þat Aurilie wule beon dæd,
þat ufel is under his ribben þat ne mæi he noh[t] libben.
Her wit scullen wel wreken unker wine-mæies,
biwinnen his wunseles, swa us bið alre selest.' 1070 f. 100vb
To þan kinge com þat word into Winchæstre
þat Passent and Gillomar weoren mid ferde icumen hær.
Þe king cleopede Vther, þe wes his leoue broðer:
'Vther, bed uerde ʒeond al þissen ærde
and far to ure feonden and drif heom of ærde. 1075

Oðer þu heom fusen oðer þu heom feolle.
Ich wolde faren æc, ȝif ich neore swa seoc,
ah ȝif ich mai beon feore, ich þe cumen after sone.'
Al dude Uðer swa þe king him sæide þer,
and Passen[t] at Seint Deowi sorȝen iworhte þerbi, 1080
and þe king Gillomar muchel sorȝe he dude þær;
Brutlond heo þurharnden, hærȝede and barden.
And Vther i þissen ærde sumnede his ferde,
and hit wes longe uirst ær he mihte fusen ariht,
and Passent West Walisc lond set an his aȝere hond. 1085
Hit wes an ane dæie—his duȝeðe weoren bliðe—
þer com faren Appas; feondes hine væreden.
To Passent he quað þus: 'Cum hidere to us.
Ich þe wulle telle of ane wil-spalle.
Ich was at Winchæstre, at þine wiðer-iwinnen; 1090
þer lið þe king seoc and sorhful an heorten.
What scal beon mi mede ȝif ic þider ride
f. 101a and ich þe swa iqueme þat ich hine aquele?'
Þa andswarede Passen[t] and toward Appase went:
'Ich bihate þe todæi an hundrad pund, for ic mæi, 1095
ȝif þu me iquemest þat þu hine aquelle.'
Treoðen he plihten þesne swikedom to dihten.
Appas eode to bure and þesne balu mæinde;
he wes an hæðene gume, ut of Saxlonde icume.
Muneckes claðes he nom an; he scar his crune ufenen; 1100
he nom him tweien iueren and forð he gon fusen
and wende anan rihte into Winchæstre,
swulc hit weore an hali mon—þe hæðene deouel!
He wende to þan burh-ȝate, þer þe king on bure lai,
and gratte þene dureward Godes grætinge 1105
and bad hine an hiȝinge gan in to þan kinge
and suggen him to soðe þat Vther his broðer
hæfde him þider isend, seolue læche,
þene bezste læche þe wunede an æi londe,

1087 væreden] vælden 1106 bad] band

þe auerælcne sucne mon of ufele bringen con. 1110
Þus læh þe laðe mon leodene kinge,
for Uther wes ifaren forð mid his ferde,
no nauer Vther hine ne isæh ne þider hine isende,
and þe king wende þat hit weore soð and ilefde him inoh.
Wha wolde wene þat he swike weore? 1115
For an his bare liche he weorede ane burne;
þerufenen he hæfde ane ladliche here f. 101b
and seoððen ane cule of ane blake claðe;
iblæcched he hæfede his licame, swulc ismitte of cole.
He cneolede to þan kinge; his spæche wes ful milde: 1120
'Hail seo þu, Aurilien, aðelest alre kingen!
Hider me sende Vther, þe is þin aȝen broðer,
and ich al for Godes luue æm to þe her icume,
for ich þe wulle helen and al hal makien,
for Cristes leofe Godes sune; ne ræche ich nane garsume
no mede of londe ne of seoluere no of golde, 1126
ah ælche seocken ich hit do for luue of mine Drihtene.'
Þis iherde þe king; hit wes him swiðe iqueme.
Ah whar is æuere æi mon a þisse middelærde
þe þis wolde wenen, þat he swiken weore? 1130
He nom his glæs-fat anan, and þe king mæh þeron.
Anne while after þan þat glæs-fat an honden nom
and sceoweden hit forðrihtes biforen þas kinges cnihtes,
and þus sæide anan Appas þe haðene mon:
'Ȝif ȝe me wulleð ileuen, ær tomarwen eue 1135
þes king scal beon al hal ihaled an his willen.'
Þa weoren bliðe alle þa weoren i bure.
Appas eoden in ænne bur and þat balu mæinde
and dude þerto atter, þa scamoiene hatte,
and com ut forðrihtes imong þa burh-cnihtes 1140 f. 101va
and þan kinge he gon dæle muchel canele,
and gingiuere and licoriz he hom lefliche ȝef;
alle heo nomen þat lac, and he heom alle biswac.
Þeos swike feol a cneowe atforen þan leod-kinge
and þus saide him to: 'Lauerd, nu þu scalt afon 1145

of þissen drinchen ane dæle, þat scal beon þin hale.'
And þe king up drong and þer þat atter he dronc.
Anan swa he hafde idrunke, þe leche hine adun læide.
Þus seide Appas to þan bur-cnihtes:
'Wreoð nu wel þene king, þat he ligge a swæting, 1150
for ich sugge eou þurh alle þing al hal beoð aure king,
and ich wulle to mine inne and speken wið mine monnen,
and to þere midnihte ich cume forðrihtes
mid oðer lachecrafte, þa sculleð beon him liðe.'
Forð wende þe swike—þe king læi on sweuete— 1155
Appas to his inne, and spec wið his monnen;
mid stilleliche rune bistal of þan tune.
To þere midnihte þa sende þa burh-cnihtes
sixe of heore monne to Appases inne;
heo wenden hine to finden and longi hine to þan kinge.
Þa wes he iflo3en, and feondes hine uæreden. 1161
f. 101vb Þa men a3ein comen þer þe king wunede
and cudden i þan bure of Appases fore.
Þa mihte me iseon sor3en ino3e beon;
cnihtes feollen adun and 3irnden heore dæðes. 1165
Þer wes muchel waning, heortne graning;
þer wes moni reolic spel; þer wes gumene i3el.
Heo leopen to þan bedde and þene king hedden;
þa 3et he lai on sweouete and on muchele swate.
Þæ cnihtes mid weope þene king awehten 1170
and heo him to cleopeden mid mildere steuene:
'Lauerd, hu mid þe? Hu beoð þine beorste?
for nu is ure læche ifaren buten laue,
iliðen ut of hirede, for hæne us bilæued.'
Þe king heom 3af andsware: 'Al ic æm toswollen, 1175
and þer nis nan oðer ræd, nu nan ich wurðe dæd.
And ich bidde forðrihtes—3e beoð mine cnihtes—
þat 3e græten Vther, þe is min a3e broðer,
and biddeð hine halden mi lond an onwalde.
Godd seolf þurh alle þing lete hine beon god king! 1180

1172 beorste] beouste 1175 3af] 3if

And hateð hine beon kene and æiwær riht deme,
wærche uolke for fæder, hænen to frouere.
Þenne maie he halde lond an onwalde.
And nu todai, þenne ich beo dæd, nimeð alle anne ræd,
and leteð me ilenge riht to Stanhenge, 1185 f. 102a
þer lið muchel of mine cunne þurh Sæxen aqualde,
and ofsendeð biscopes and boc-ilarede men
mi gold and mi seoluer; deleð for mire saule,
and leggeð me an æst ænde inne Stanhenge.'
Næs þer nan oðer ræd, þer iwarð þe king dæd, 1190
and al swa his men duden swa þe king demde.
Inne Wæles wes Vther and herof næs naðing war;
neuere þurh nare liste herof naþing nuste.
Naðeles he hafede mid him þene witeȝe Merlin;
aȝeineden þere uerde þe icumen wes to ærde. 1195
Vther lai inne Wales in anne wilderne
and fundede to uarene wið Passent to fehten.
Þa a þan auen-time þe mone gon to scine
wel neh al swa brihte swa þe sunne-lihte.
Þa isehȝen heo feorre ænne selcuðe sterre; 1200
he wes brad, he wes muchel, he wes unimete;
of him comen leomen igastliche scinen;
þe steorre is ihate a Latin comete.
Com of þan steore a leome swiðe sturne;
at þeos leomen ende wes a drake hende; 1205
of þes draken muðe leomen comen inohȝe.
Ah tweien þer weoren muchele, þere oðere vnimete:
þe an droh touward France, þe oðer touward Irlonde. f. 102b
Þe leome þe toward France droh, he wes briht vnifoh;
to Mu[n]t Giu wæs iseȝen þa seolcuðe takne. 1210
Þe leome þa strehte west riht a seouen bæmen wes idiht.
Þis isah Vðer, ah nas he noht herof war;
sær him wes an heorte and seolliche auæred,
swa wes al þat muchele folc þat wes in þere uerde.
Vðer cleopede Merlin and bad hine cume to him 1215
and þus seide him to mid swiðe softe worden:

'Mærlin, Merlin, leoue freond, fonde þiseoluen,
and sæie us of þan tacne þe we isæ3en habbeoð,
for nat ich on worlde-riche to whan hit scal iwurðen;
buten þu us raden, a3æn we moten riden.' 1220
Mærlin sæt him stille longe ane stunde,
swulc he mid sweuene swunke ful swiðe.
Heo seiden þe hit ise3en, mid heore a3en æ3en,
þat ofte he hine wende swulc hit a wurem weore.
Late he gon awakien, þa gon he to quakien, 1225
and þas word seide Merlin þa wite3e:
'Wæilawæi! Wæilawæi! A þissere worlde-riche
muchel is þa sor3e þe isi3en is to londe.
Whær ært þu, Vther? Siten me biuoren her,
and ich þe wulle suggen of sor3en ino3en. 1230
Dæd is Aurilie, kingene aðelest,
f. 102va swa is þe oðer, Costanz þi broðer,
þe Uortigerne biswac mid his swikedome.
Nu haueð Vortigernes cun Aurilien aquald;
nu þu ært al ane of aðele þine cunne. 1235
Ah ne hope þu to ræde of heom þat liggeð dede
ah þenc of þe seoluen—seolðen þe beoð 3iueþe—
for selde he aswint þe to himseolue þencheð.
Þu scalt wurðen god king and gumenene lauerd,
and þu to þere midnihte wepne þine cnihtes, 1240
þat we i þan mor3en-liht mæ3en come forðriht,
forn at Meneue, þer þu sca[l]t fihten.
Ær þu þenne wende, slæht þu scalt makien;
þu scalt beien slæ þer Passent and Gillomar,
and monie þusend of þan gumen þat beoð mid heom hider
icumen. 1245
Þat taken of þan steorre, þe we isa3en swa feorre,
soð hit is, Uðer leof, þat tacnede þines broðer dæd.
Biuoren þa steorre wes þæ drake, elches wurmes vn-
imake.
Þat taken wes a þire half; þat weore þu, Uðer, þiseolf.

1243 slæht] sclæht

Þu scalt habben þis lond and þin æie beon muchel and strong.
Swulche toknen beoð uncuðe. Of þas draken muðe 1251
eoden tweien leomen wunder ane lihte. f. 102vb
Þe an strehte feor suð ut ouer France:
þat is an æiȝesful sune, þat of þine licame scal cume,
þe scal moni kinelond mid compe biwinne, 1255
and an ende he scal rede moniane þeode.
Þe oðer leome, þe strahte west, wunder ane lihte,
þat bið a dohter, þa þe bið swiðe deore.
Þe leome gon striden a ueire seoue strengen:
þat beoð seouen uæire sunen, þe of þine dohter sculleð
cumen, 1260
þe scullen moni kinelond biȝiten to heore aȝere hond;
heo sculleð beon wel stronge a water and a londe.
Nu þu hauest of me ihærde þe wule halpen,
swiðe uorðrihtes far to þine fihte.'
And Merlin gon to slume, swulc he wolde slæpen. 1265
Vp aras Vðer; nu he wes wis and war,
and hæhte his cnihtes to horse forðrihtes
and hæhte heom biliue faren to Meneue
and alle heore fare græiðen alse heo scullen fehten.
I þan flokke biforen he hafde cnihtes wel icoren, 1270
seouen þusend cnihte, ohte men and wihte;
hafde he amidde cnihtes wel bihedde,
oðer seoue þusend selere þeinen;
hæ hede bæfte ohtere cnihten f. 103a
ahtene þusen ohtere kempen, 1275
and of ganninde uolke swa feole þusend
þat a nane spelle ne mihte heom na mon tellen.
Forð heo wenden biliue þat heo comen to Meneue.
Þer isah Gillomar whar him com Vther,
and hæhde his cnihtes to wepne forðrihtes, 1280
and heo to biliue and gripen heore cniues
and of mid here breches—seolcuðe weoren heore leches—
and igripen an heore hond heore speren longe;

1253 suð] soð 1269 alse] alle

hengen an heore æxle mucle wi-æxe.
Þa sæide Gillomar þe king a swiðe seollic þing: 1285
'Her cumeð Vðer, Aurilies broðer;
he wule bidden mi grið and noht fehten me wið.
Þa formeste beoð his sweines; faren we heom toȝeines;
ne þurfen ȝe nauere rehchen þah ȝe slæn þa wrecchen.
For ȝif Vther, Costantines sune, wulle her mi mon bicume
and Passente aȝeuen his fader richen, 1291
ich hine wullen griðien and latten hine liuien
and inne fæire benden læden hine to mine londe.'
Þe king wordede þus þa while him alomp wurs.
Weoren Vtheres cnihtes at þan tune forðrihtes; 1295
f. 103b leiden fur a þene tun and fehten biliue;
mid sweorden heom to rakeden, and þa Irisce weoren nakede.
Þa iseȝen Irisce men þat Brutten wes an eornest;
feondliche heo fuhten, and neoðeles heo feollen;
heo cleopeden on heore king: 'Whar ært þu, niðing? 1300
Whi nult þu hider wenden? Þu lezst us her scenden,
and Passent þin ifere isih us fallen here.
Cumeð us to halpe mid hahȝere strengðe.'
Þis iherde Gillomar; þerforen wes his heorte sær.
Mid his Irisce cnihten he com to þan fihte, 1305
and Passend vorð mid him; beien heo weoren uæie.
Þa iseh Vðer þat icumen wes þer Gillomar,
to him he gon riden and smat hine i þere side,
þat þat spere þurhrade and þa heorte toglad.
Hiȝendliche he hine biwe[n]t and oftoc Passent, 1310
and þas word sæide Vther þe sele:
'Passent, þu scalt abiden. Her cumeð Vther riden.'
He smat hine uuenen þat hæued, þat he adun halde,
and þat sweord putte in his muð—swulc mete him wes uncuð—
þat þe ord of þan sworde wod in þere eorðe. 1315
Þa sæide Vther: 'Passent, liȝ nu þer!
f. 103va Nu þu hauest Brutlond al bitald to þire hond.
Swa þe is nu iræd; þeron þu ært ded.

Wikien ȝe scullen here, þu and Gillomar þin ifere,
and brukeð wel Brutlond, for nu ic hit bitæche inc an hond,
þat ȝit maȝen toȝere mid us wunien here; 1321
ne þurue ȝe nauere adrede wha eou scullen feden.'
Þus sæide Vðer, and seoððe he arnde þer,
and drof Irisce men ȝeond wateres and ȝeond fenes,
and sloh al þa uerde þe mid Passent comen to ærde. 1325
Summe to þere sæ iwiten and leoppen in heore scipen;
mid wederen and mid wateren þær heo forferden.
Þus heo ispædden her, Passent and Gillomar.
Nu wes þis feht idon, and Vther aȝen com
and forðrihtes wende into Winchæstre. 1330
In are brade strete he igon mete
þreo cnihtes and heore sweines cumen him toȝeines.
Anan swa heo ine imette, fæire heo hine igrætten:
'Hail seo þu, Vther! Þeos æðeles beoð þin æȝen.
Ded is Aurilie, kingene aðelest. 1335
He þe haueð iset an hond al his kinewurðe lond;
he bad þe beon a sele and þenchen on his saule.' f. 103ᵛb
Þa weop Vðer wunder ane swiðe.
Vðer wende forðriht into Winchæstre.
Þa weoren him biforen, wiðuten þere burȝe, 1340
alle þa burh-men mid reouliche iberen.
Sone swa heo hine iseȝen, heo him to sæiden:
'Vther, þin are, nu and æueremare!
Ure king we habbeoð ilore; wa is us þerfore.
Þu weore his broðer; nafde he nænne oðer, 1345
no he nefde nenne sune, þe mihte king bicumen.
Ah nim þu þene kinehalm—he is þe icunde—
and we þe wulleð helpen and halden for lauerd,
mid wapnen and mid æhten and al ure mihte.'
Þis iherde Vðer—he wes wis and he wes war— 1350
þat þer næs cost nan oðer, seoððen dæd wes his broðer.
He nom þenne kinehelm, þe him bicom swiðe wel,
and he wurðliche iwarð him to kinge
and heold gode laȝe and his folc lufede.

Imong þat he king wæs and his wikenares chæs, 1355
Merlin him ætwende; nuste he nauere whidere
no nauere a worlde-riche to whan he bicome.
f. 104a Wa wes þan kinge, swa wes al his duȝeðe,
and alle his hirdmen þeruore murnende weoren.
Þe king lette riden widen and siden; 1360
he bad gold and gersume ælche farinde gume,
whaswa mihte finde Merlin an londe;
þerto he læide muchel lof, ah ne herde he him nawhit of.
Þa biðohte Vther whæt Mærlin him sæide ær,
in þan here-ȝeonge inne Walisc londe, 1365
þer heo iseȝen þene drake, ælches wurmes vnimake,
and he þohte of þan tacnen þe Merlin him tahte.
Þe king wes swiðe særi and sorhful an heorte,
for ne les he næuere leouere mon seoððen he wes an liuen,
neouere nenne oðer, ne Aurilie his broðer. 1370
Þe king lette wurchen tweien imaken, tweien guldene draken,
al for Mærlines luue, swa swiðe he wilnede his cume.
Þa þe draken ȝaru weoren, þe oðer wes iuere;
wharswa he an ærde ladde hi[s] ferde
he wes his heremærke in auerælche happe. 1375
Þene oðerne he wurðliche ȝæf into Winchæstre,
into þan biscop-stole, þer he stude haldeð.
Þerto he ȝef his gode spere, þermid me sculde þene drake bere,
f. 104b þenne me scolde halidom beren to processiun.
Þis iseȝen Bruttes, þas draken þa weoren imaked þus. 1380
Æuer seoððen heo cleopeden Vther, þe to hermærke þene drake bar,
þene nome heo him laiden on þet wes Vðer Pendragon:
Pendragun an Brutisc, Draken-hefd an Englisc.
Nu wes Vther god king, ah of Merlin nefde he naþing.
Þis word iherde Octa, þer he norð wunede, 1385
and Ebissa his wed-broðer and Osa þe oðer.

1372 luue] liue 1386 wed-broðer] wend broðer

Þa Aurilien sende þider and sette heom þer on his griðe
and bitahte heom an honde sixti hiden of londe.
Octa iherden fuliwis al hu hit ifaren wes
of Aurilies dæðe and of Vtheres kinedome. 1390
Octa him to cleopede his cun þe wes aneoste;
nomen heom to ræde of heore alde dede
þat heo wolden bi heore liue Cristindom bilaue.
Heo heolden husti[n]g and hæðene bicomen;
þa comen þer togadere of Hengestes cunne 1395
fif and sixti hundred of heðene monnen.
Sone wes þat word cuð an ʒeond þan londe icud
þat Octa Hengestes sune wes hæðene bicume,
and þas ilke gumen alle þa Aurilien igriðed hæfuede. f. 104va
Octa sende his sonde into Walisce londe 1400
after þan Irisce, þe Vðer æturnen,
and after þan Alemainen, þe weoren awei idraʒene,
þa weoren to wude iwende, þe while men sloh Passent,
and huden heom wel iwhar, þe while men sloh Gillomar.
Þat folc ut of wude teh and touward Scotlonde beh. 1405
Auer þer comen ma and ma and ferden toward Octa.
Þa heo tosomme weoren iwende þa weoren þer þritti þusend,
wiðuten þa wifmen of Hengestes cunnen.
Heo nomen heore uerde and gunnen to farene,
and setten al an heore hond biʒeonden þere Humbre lond,
and þat leoden þer heo gunnen liðen— 1411
ferde þer wes sellic—and wenden riht to Eouerwic,
and an ælche side þa burh gunnen biride
and þa burh bilæien hæðene leoden
and nomen hit al to heore honde forð into Scotlonde; 1415
al þat heo iseʒen heo talden heore aʒen.
Ah Vðeres cnihtes, þa weoren i þan castle,
wereden þene tun wiðinnen, þat ne mihten heo næuere
binnen. f. 104vb
Ne iherde mon in nane stude lute men þat swa wel duden.
Swa sone swa Vðer of þissen þingen iwarð war, 1420
færde he bad stronge ʒeond al his kinelonde

and he swiðe hiȝendliche ferde touward Eouerwic;
ferde uorðriht anan þer him læi Octa.
Octa and his ferde fusde heom toȝeines;
wuruen heom togadere mid grimmere strengðe; 1425
heowen hardliche; hælmes gullen;
falewede feldes of fæie blode;
and þa heðene saulen helle isohten.
þa þes dæies ende bicom, þa wes hit swa ufel idon
þat þat hæðene uolc þa ufere hond hafeden 1430
and mid muchelere strengðe sturmden þa Bruttes
and driuen heom to ane munte, þæ wes unimete stor,
and Vðer mid his monnen teh to þan munte
and hæuede iloren in fihte leofe his cnihtes,
fulle seouen hundred—his hælp wes þa wurse! 1435
Þe munt hæhte Dunian, þe Vther wes ufenan;
wes þe munt þurhwexen mid ane wude feiren.
f. 105a Þe king wes þer wiðinnen mid swiðe feole monnen,
and Octa hine bilæi mid hæðene monnen niht and dæi;
bilæi hine al abuten—wa wes þan Brutten! 1440
Wa wes þan kinge Vðer þat he nes ær wær,
þat he nefde an londe bet vnderstonde.
Ofte heo eoden to ræde of swucchere neode
hu heo mihten ouercumen Octa Hengestes sune.
Þer wes an eorl Gorlois, ocht mon fuliwis; 1445
cniht he wes wel idon; he wes Vðeres mon;
Eorl of Cornwaille cuð he wes wide;
he wes swiðe wis mon, of alle þinge wel idon.
To him saide Vðer, særi an heorten:
'Hail seo þu, Gorlois, gumenene lauerd! 1450
Þu ært min aȝe mon, and swiðe wel ich þe on.
þu ært cniht wel idon; muchel is þi wisdom.
Alle mine leoden ich don in þine ræden,
and alle we sculle wurchen after þine iwille.'
Þa heng his breowen adun þe king Vther Pendragun 1455
and stod him ful stille and bad Gorlois suggen his iwille.
Þa andswarede Gorlois—he wes hende fuliwis:

'Sæie me, Vther Pendragun, whi halst þu þin hafed adun? f. 105b
Nast þu þat Godd ane is betere þene we al clæne?
He mai whamswa he wule wurðcipe bitachen. 1460
Bihate we Him on liue þat we Him nulleð liȝe
and leten we us ræden of ure misdeden.
Ælc mon forðriht of alle his sunnen nimen scrift;
ælc mon scriuen oðer, swulc hit weoren his broðer,
and æuerælc god cniht nime on him muchel scrift, 1465
and Godde we scullen bihaten ure sunnen to beten
and to þere midnihte ȝarkien us to fihten.
Þeos hæðene hundes tælleð us al ibunden.
Octa Hengestes sunæ weneð þat we beon alle inumen;
heo liggeð i þissen felden, ihæled in heore telden; 1470
heo beoð swiðe werie, iboren heore wepnen.
Nu nan heo sculleð slumen and seoððen slæpen;
of us nabbeoð heo nane kare þat we aȝen heom wulleð faren.
To þere midnihte we sculleð forðrihtes
swiðeliche stille adun of þissen hulle. 1475
Na wurðe cniht swa wod þat he scire æi word
ne nauer nan hæleð þat he horn blawe.
Ac we scullen steppen heom to, swa we stelen wolden; f. 105va
ær heo wurðen iware we scullen heom amærre;
we scullen heom to teon and tidende tellen, 1480
and æuerælc ocht mon sterkliche heom legge on,
and swa we scullen of londe driuen vnicunde,
and mid mihte of ure Drihten bitellen ure irihten.'
Al þas ferde idude swa Gorlois heom hauede ibode.
Ælc mon forðrihte dude hine vnder scrifte; 1485
bihehten god to donne and þat ufel to forgonne.
To þere midnihte wepnede heom cnihtes,
and auoremeste uerde adun Vðer Pendragun
and his cnihtes alle, swiðeliche stille,
and smiten i þa waldes imong alle þa teldes 1490
and sloȝen þa hæðene mid hæhȝere strenðe.
Fluȝen ȝeond þan feldes falewe lockes;

1479 heom] hēom

uolken hit wes ærmest; heo droȝen heore þermes;
mid muchele vnisunde heo feollen to þan grunde.
Þer wes forðriht inume Octa Hengestes sune 1495
and his wed-broðer Ebissa and his iuere Ossa.
f. 105vb Þe king heom lette binden mid irene bænde
and bitahte heom sixti cnihten, þe gode weoren to fihten,
ufenen þan walden uaste to halden,
and he seolf draf him forð and muchel dune makede, 1500
and Gorlois þe hende uorð an oðer ende,
and alle heore cnihtes æuere forðrihtes
adunrihtes sloȝen al þat heo neh comen.
Summe heo crupen to þan wude an heore bare cneowen;
heo weoren amærȝe volken alre ærmest. 1505
Octa wes ibunden and ilad to Lunden,
and Ebissa and Ossa nes heom nauere al swa wa.
Þis feh[t] wes idon and þe king wende forð
into Norðhumbre mid hæȝere blisse,
and seoððen to Scotlonde and sette hit al an his aȝere hond.
He sette grið, he sette frið, þat ælc mon mihte faren wið 1511
from londe to londe, þeh he bere gold an honde.
Of grið he dude swulc þing þat ne mihte næuer ær na king
from þan ilke time þat Bruttes comen her liðen,
f. 106a and seoððen vmbe stunde he ferde to Lunden. 1515
He wes þere an Æstre mid aðele his uolke;
bliðe wes þe Lundenes tun for Vthere Pendragun.
He sende his sonde ȝeond al his kinelonde;
he bæd þa eorles, he bæd þa cheorles,
he bæd þa biscopes, þa boc-ilærede men, 1520
þat heo comen to Lunden to Vðer þan kingen,
into Lundenes tun to Vðer Pendragun.
Riche men sone to Lundene comen;
heo brohten wif, heo brohten child, swa hehte Vther þe king.
Mid muchele godnæsse þe king iherde mæsse, 1525
and Gorlois þe eorl of Cornwale and mid him cnihtes uale;
muche blisse wes i þan tun mid Vðer kinge Pendragun.

1516 aðele] aleðele

Þa þe mæsse wes isungen, to halle heo þrungen;
bemen heo bleowen; bordes heo brædden;
al þat folc æt and dronc and blisse heom wes imong. 1530
Þer sæt Vðer þe king an his hæh setle;
forn aȝan him Gorlois, hende cniht ful iwis,
þe eorl of Cornwale mid aðele his wife.
Þa heo weoren alle iseten eorles to heore mete f. 106b
þe king sende his sonde to Igærne þere hende, 1535
Gorlois eorles wif, wifmone alre hendest.
Ofte he hire lokede on and leitede mid eȝene;
ofte he his birles sende fron to hire borde;
ofte he hire loh to and makede hire letes;
and [heo] hine leofliche biheold, ah I næt whær heo hine
luuede. 1540
Næs þe king noht swa wis ne swa ȝære-witele
þat imong his duȝeþe his þoht cuðe dernen.
Swa longe þe king þis game droh þat Gorlois iwærð him wrað,
and him gromede swiðe wið þene king for his wife.
Þe eorl and his cnihtes arisen forðrihtes 1545
and forð mid þan wife, cnihtes swiðe wraðe.
Vther king þis isah and herefore særi wes,
and nom him forðrihtes twælf wise cnihtes
and sende after Gorlois gumenene ældere,
and beden hine an hiȝinge cumen to þan kinge 1550
and don þan kinge god riht and beon icnowen of his pliht,
þat he hafde þene king iscend and from his borde wes iwende,
he and his cnihtes, mid muchele vnrihte,
for þe king him wæs glad wið and for he hailede in his wif, f. 106va
and ȝif he nalde aȝein cumen and his gult beon icnawen,
þe king him wold after and don al his mahten, 1556
binimen him al his lond and his seoluer and his gold.
Þis iherde Gorlois, gumenene lauer[d],
and he andsware ȝaf, eorlene wraðest:
'Næi, swa me helpe Drihte, þa iscop þas daȝes lihte, 1560
nulle ich nauere aȝæn cumen no his grið ȝirnen,

1543 game] him 1546 wraðe] whraðe 1552 hafde] hasde

ne scal he neuere on liue me scende of mine wife,
and suggeð Vðer kinge at Tintaieol he mai me finden,
ȝif he þider wule ride; þer ich him wulle abiden;
and þer he scal habbe hærd gome and mucle weorldes
scome.' 1565
Forð wende þe eorl, ire on his mode;
he wes wærð wið þene king wunder ane swiðe,
and þretede Vther þene king and alle his þeines mid him,
ah he nuste whæt com seoððe sone þeræfter.
Þe eorl anan wende into Cornwaille; 1570
he hafde þer tweie castles, biclused swiðe uaste;
þæ castles aðele weore, of his eoldrene istreon.
To Tintaieol he sende his leofmon þa wes hende,
f. 106vb Ygerne ihaten, wifene aðelest,
and heo biclusde uæste inne þan castle. 1575
Ygerne wes særi and sorhful an heorte
þat swa moni mon for hire sculden habben þer lure.
Þe eorl sende sonde ȝeond al Brutlonde
and bæd alcne ohte gome þat he him sculde to cume,
for gold and for seolure and for oðere ȝiuen gode, 1580
þat heo ful sone to Tintaieole comen,
and his aȝene cnihtes comen forðrihtes.
Þa heo togædere weoren, sele þeines,
þa hafde he fulle fiftene þusend,
and heo Tintaieol faste bitunden. 1585
Uppen þere sæ-stronde Tintaieol stondeð;
he is mid sæ-cliuen faste biclused,
þat ne bið he biwunne þurh nanes cunnes monnen,
bute ȝif hunger cumen þer an-vnder.
Þe eorl uerde þenne, mid seouen þusend monnen, 1590
and wende to ane oðere castle and biclusde hi[ne] ful uæste,
and bilefde his wif in Tintaieol mid ten þusend monnen—
for ne þurue þa cnihtes, dæies na nihtes,
buten biwiten þat castel-ȝat and careles liggen slæpen—
and þe eorl wuste þene oðer, and mid him his a[ȝen] broðer.

1564 þider] þuder

Þis iherde Vther—þe king wes swiðe steorc— 1596
þat Gorlois his eorl his ferde hafde igadere[d] f. 107a
and wolde halde weorre mid muchelere wraððe.
Þe king bad his ferde ȝeond al þissen ærde
and ȝeond al þan londe, þa stoden an his honde, 1600
monies kinnes leoden liðen heom togæderes
and comen to Lundene to þan leod-kinge.
Ut of Lundene tun ferde Vðer Pendragun;
he and his cnihtes ferde uorðrihtes,
swa longe þat heo comen into Cornwæille, 1605
and ouer þat water heo tueoȝen þat hatten Tambre is
riht to þan castle þer heo Gorlois wusten.
Mid muchelere læðe þene castel heo bilæien;
ofte heo toræsden mid ræȝere strengðe;
tosomne heo leopen; leoden þer feollen. 1610
Fulle seouen nihte þe king mid his cnihten
bilæi þene castel; his men þer hafeden sorȝen.
Ne miste he of þan eorle naþing iwinnen,
and alle þa seouen nihte ilaste þat selliche feoht.
Þa iseh Vðer king þat him ne spedde naðing, 1615
ofte he hine biþohte whæt he don mahte,
for Ygærne him wes swa leof æfne alse his aȝen lif,
and Gorlois him wes on leoden monnen alre læðest,
and ælches weies him wes wa a þissere weorlde-riche, f. 107b
for he ne mihte beon wurðe naþing of his wille. 1620
Þa wes mid þan kinge an ald mon swuðe hende;
he wes a swiðe riche þein and ræh on ælche dome;
he wes ihaten Vlfin; muche wisdom wes mid him.
Þe king bræid up his chin and bisah an Vlfin;
swiðe he murnede; his mod wes iderued. 1625
Þa quað Vðer Pendragun to Ulfin þan cnihte:
'Ulfin, ræd me sumne ræd, oðer ich beo ful raðe dæde.
Swa swiðe me longeð þat ne mai I noht libben
after þere faire Ygærne. Þis word halt me derne,
for, Ulfin þe leoue, aðele þine lare 1630
lude and stille don ich heom wulle.'

Þa andswarede Ulfin þan kinge þet spac wið him:
'Nu ihere ich muche seollic ænne king suggen.
Þu luuest Ygærne and halst hit swa deorne.
Þe wifmon is þe to leof and hire lauerd al to lað. 1635
His lond þu forbernest and hine blæð wurchest
and þrattest hine to slænne and his cun to fordonne.
Wenest þu mid swulche hærme to biȝeten Ygærne?
Þenne heo sculde don swa ne deð na wifman,
mid æie vnimete halden luue swete. 1640
f. 107ᵛa Ah ȝif þu luuest Ygærne, þu sculdest hit halden derne
and senden hire sone of seoluere and of golde
and luuien hire mid liste and mid leofliche bihæste.
Þa ȝet hit weore a wene whar þu heo mihtes aȝe,
for Ygærne is wel idon, a swiðe treowe wimmon; 1645
swa wes hire moder and ma of þan kunne.
To soðe ich þe suggen, leofest alre kinge,
þat oðere weies þu most aginnen, ȝif þu hire wult awinnen.
For ȝurstendæi me com to an æremite wel idon
and swor bi his chinne þat he wuste Merlin 1650
whar he ælche nihte resteð vnder lufte,
and ofte he him spæc wið and spelles him talde.
And ȝif we mihte Merlin mid liste biwinnen,
þenne mihtest þu þine iwille allunge biwinne.'
Þa wes Vðer Pendragun þa softer an his mode 1655
and ȝaf andsware red: 'Vlfin, þu hauest wel isæd.
Ich þe ȝiue an honde þritti solh of londe
þat þu Merlin biwinne and don mine iwille.'
f. 107ᵛb Vlfin ȝeond þat folc wende and sohte al þa uerde,
and he vmbe stunde þene æremite funde 1660
and an hiȝinge brohte hine to þan kinge,
and þe king him sette an hond seouen sulȝene lond
ȝif he mihte bringen Merlin to þan kinge.
Þe æremite gon wende in þene west ænde
to ane wilderne, to ane wude muchele, 1665
þer he iwuned hafde wel feole wintre,

1648 aginnen] agunnen 1656 ȝaf] ȝif 1660 funde] finde

and Merlin swiðe ofte þerinne sohte.
Sone þe armite com in, þa ifunde he Mærlin
vnder ane treo stonden and sære him gon longen.
Þene æremite he isæh cume, alse while wes his iwune. 1670
He orn him toȝænes; beiene heo uæineden þas.
Heo clupten, heo custen, and cuðliche speken.
Þa sæide Merlin—muchel wisdom wes mid him:
'Sæie þu, mi leofe freond, wi naldest þu me suggen
þurh nanes cunnes þinge þat þu wældest to þan kinge? 1675
Ah ful ȝare ich hit wuste, anan swa ich þe miste,
þat þu icumen weore to Vðere kinge,
and what þe king þe wið spæc and of his londe þe bæd
þat þu me sculdest bringe to Vðer kinge. f. 108a
And Vlfin þe sohte and to þan kinge brohte, 1680
and Vðer Pendragun forðrihtes anan
sette him an honde þritti solh of londe
and he sætte þe an honde seoue sulhȝene lond.
Vther is oflonged æfter Ygærne þere hende,
wunder ane swiðe after Gorloises wiue. 1685
Ah longe is æuere, þat ne cumeð nauere
þat he heo biwinne bute þurh mine ginne,
for nis na wimmon treowere in þissere worlde-riche.
And neoðeles he scal aȝe þa hende Ygærne;
on hir he scal streonen þat scal wide sturien; 1690
he scal streonien hire on ænne swiðe sellichne mon.
Longe beoð æuere, dæd ne bið he næuere;
þe wile þe þis world stænt, ilæsten scal is worðmunt,
and scal inne Rome walden þa þæines.
Al him scal abuȝe þat wuneð inne Bruttene; 1695
of him scullen gleomen godliche singen;
of his breosten scullen æten aðele scopes;
scullen of his blode beornes beon drunke;
of his eȝene scullen fleon furene gleden;
ælc finger an his hond scarp stelene brond; 1700 f. 108b
scullen stan walles biuoren him tofallen;

1684 is] if

beornes scullen rusien, reosen heore mærken.
Þus he scal wel longe liðen ȝeond londen,
leoden biwinnen and his laȝen sette.
Þis beoð þa tacnen of þan sune þe cumeð of U[ðe]re Pen-
dragune 1705
and of Ygærne. Þes speche is ful derne,
for ȝet næt hit neoðer Ygærne no Uðer
þat of Vðere Pendragune scal arisen swilc a sune,
for ȝet he beoð unstreoned, þa sturieð al þa þeoden.
Ah, lauered', quað Merlin, 'nu hit is iwille þin 1710
þat forð I scal fusen to uerde þas kinges,
þi word ich wulle heren and nu ich wulle wende
and faren ich wulle for þire lufe to Vthere Pendragune,
and habben þu scalt þat lond þat he þe sette an hond.'
Þus heo þa ispecken. Þæ æremite gon to weopen; 1715
deorliche he hine custe, þer heo gunnen dælen.
Merlin ferde riht suð—þat lond him wæs ful cuð—
forðriht he fusde to þes kinges ferde.
f. 108va Sone swa Vðer hine isæh, swa he him toȝeines bæh,
and þus quað Vðer Pendragune: 'Mærlin, þu ært wilcume.
Her ich sette þe an honde al þene ræd of mine londe 1721
and þat þu me ræde to muchere neode.'
Vther him talde al þat he walde
and hu Ygærne him wes on leoden wimmonnen leofest
and Gorlois hire lauerd monnen alre laðest, 1725
'And buten ich habbe þinne ræd ful raðe þu isihst me
dæad.'
Þa andswerede Merlin, 'Let nu cume in Vlfin,
and bitæc him an honde þritti sulȝene lond,
and bitæc þan æremite þat þu him bihete,
for nulle ich aȝæn na lond, neouðer [seoluer na gold], 1730
for ich am on rade rihchest alre monnen,
and ȝif ich wilne æhte þenne wursede ich on crafte.
Ah al þin iwille wel scal iwurðen.
for ich con swulcne leche-craft þe leof þe scal iwurðen,

1724 wimmonnen] wimmomnen 1725 monnen] momnenen

þat al scullen þine cheres iwurðen swulc þas eorles, 1735
þi speche, þi dede, imong þere duȝeðe,
þine hors and þine iwede, and al swa þu scalt ride.
Þenne Ygæ[r]ne þe scal iseon, a mode hire scal wel beon.
Heo lið inne Tintaieol, uaste bituned.
Nis nan cniht swa wel iboren, of nane londe icoren, 1740
þe mid strengðe of Tintaieol þe ȝeten mihten untunen, f. 108vb
buten he weoren ibirsted mid hungere and mid þurste.
Þat is þat soðe þat ich þe sugge wulle:
þurh alle þinge þu scalt beon swulc þu eorl weore,
and ich wulle beon iwildel swulc him is Brutael, 1745
þat is a cniht swiðe herd; he is þeos eorles stiward.
Jurdan is his bur-cniht; he is swiðe wel idiht.
Ich wulle makien anan Ulfin swulc is Jurdan.
Þenne bist þu lauer[d] and ich Brutael þi stiward
and Ulfin Jurdan þi bur-cniht, and we scullen faren nu
toniht. 1750
Faren þu scalt bi ræde wuderswa ich þe læde.
Scullen nu tonihte half hundred cnihten
mid speren and mid scelden beon abuten þine telden,
þat nauere nan quik mon ne cumen þer aneosten,
and ȝif þer auer æi mon cume þat his hæued him beon
binumen. 1755
For þa cnihtes scullen suggen, selen þine beornen,
þat þu ært ilete blod and restest þe on bædde.'
Þas þinges forðrihte þus weoren idihte.
Forð ferde þe king; næs hit cuð naþing;
and ferden forð mid him Vlfin and Merlin. 1760
He tuȝen riht þen wæi þa in to Tintaieol læi;
heo comen to þas castles ȝæte and cuðliche cleopeden: f. 109a
'Vndo þis ȝæt-essel! Þe eorl is icumen here,
Gorlois þe læuerd, and Britael his stiward
and Jurdan þe bur-cniht; we habbeoð ifaren al niht.' 1765
Þe ȝæteward hit cudde oueral, and cnihtes urnen uppen wal
and speken wið Gorlois and hine icneowen mid iwis.

1735 cheres] gareres 1741 mid] mihte 1754 quik] quið

Þa cnihtes weoren swiðe whæte and wefden up þa castles
ȝæte
and letten hine binnen fare; þa læsse wes þa heore care;
heo wenden mid iwisse to habben muchel blisse. 1770
Þa hædden heo mid ginne Merlin þer wiðinne
and Vðer þene king wiðinne heore walding
and ledde þer mid him his gode þein Ulfin.
Þis tidinde com biliue in to þan wife
þæt hire læuerd wes icumen and mid him his þreo gumen.
Vt com Ygærne forð to þan eorle 1776
and þas word seide mid wunsume wurde:
'Wilcume, læuerd, monne me leofest,
and wilcume Jurdan and Britael is a[l]swa.
Beo ȝe mid isunde todæled from þan kinge?' 1780
Þa quæð Vðer ful iwis, swulc hit weore Gorlois:
f. 109b 'Muchel þat monkun þæt is mid Vther Pendragun,
and ich æm bi nihte bistole from þan fihte,
for æfter þe ic wes oflonged; wifmonne þu ært me leofuest.
Buð into bure and let mi bed makien, 1785
and ich me wulle ræsten to þissere nihte uirste
and alle dai tomærwe to blissien mire duȝeðe.'
Ygærne beh to bure and lætte bed him makien;
wes þat kinewurðe bed al mid palle ouerbræd.
Þe king hit wel bihedde and eode to his bedde, 1790
and Ygærne læi adun bi Uðere Pendragun.
Nu wende Ygerne ful iwis þat hit weoren Gorlois;
þurh neuere nænes cunnes þing no icneou heo Vðer þene king.
Þe king hire wende to swa wapmon sculde to wimmon do
and hæfde him to done wið leofuest wimmonne, 1795
and he streonede hire on ænne selcuðne mon,
kingen alre kenest þæ æuere com to monnen,
and he wes on ærde Ærður ihaten.
Nuste noht Ygerne wha læie on hire ærme,
for æuere heo wende ful iwis þat it weoren þe eorl Gorlois.
f. 109va Næs þer na mære uirst buten þat hit wes dæiliht; 1801

1772 Vðer] heo Vðer

þer forðrihtes vnderȝeten þa cnihtes
þat þe king wes iuaren ut of þere uærde.
Þa sæiden þa cnihtes, soð þæh hit neoren,
þat þe king wes isloȝen, mid ærhþen afeolled, 1805
ah al hit wes lessinge þat heo seiden bi þan kinge;
herof heo heolden muchel run uppen Vðer Pendragun.
Þa seiden þa eorles and þa hæhste beornes:
'Nu þenne hit wat Gorlois hu hit iuaren is
þat ure king is ifaren and his ferde bilæiued, 1810
he wule forðrihtes wepni his cnihtes,
and ut he wule to fihten and feollen us to grunden,
mid woden his þeines muchel wæl makien;
þenne weore us beteren þat we iboren neoren.
Ah leten we blawen bemen and bonnien ure uerde, 1815
and Cador þe kene scal beren þas kinges marke,
hæbben haȝe þene drake biforen þissere duȝeðe
and faren to þan castle mid kene ure folke,
and þe eorl Aldolf scal beon ure aldre,
and we him scullen here swulc hit þe king weoren, 1820
and swa we swullen mid rihte wið Gorlois fihten. f. 109ᵛb
And ȝif he us wule speken wið and ȝernen þis kinges grið,
setten sæhtnusse mid æðen soðfæste,
þenne maȝen we mid wurðscipen heonene iwenden;
þenne nabbeoð ure æfterlinges nane upbreidinges, 1825
þat we for ærhscipe heonene atærnden.'
Al þat leodliche folc bilufde þesne ilke ræd.
Bemen heo bleowen; bonneden uærden;
up heo hafden þene drake, ælches mærken vnimake.
Þer wes moni bald scalc þe sceld weiden on sculdre, 1830
moni þein kene, and wenden to þan castle.
Gorlois wes wiðinnen mid kene his monnen.
He lette blawen beomen and bonnien his ferden;
leopen an steden; cnihtes gunnen riden.
Þæs cnihtes weoren swiðe wate and wenden ut at þan ȝate.
Tosomne heo comen sone; fastliche heo onsloȝen. 1836

1808 beornes] beōrnes 1809 wat] waht

Feolle fæie men; uolden isohten.
Þer wes muche blodgute; balu wes on folke.
Imong þan fihte ful iwis mon sloh þene eorl Gorlois.
Þa gunnen his men fleon and þa oðere after teon; 1840
f. 110a heo comen to þan castle and binnen heo þrasten.
Sone hit comen binnen ba twa þa uerden.
Þer ileste þat fiht þurh þene dæiliht;
ær þe dai weore al asceken wes þe castel biȝeten;
næs þer nan swa wracche swein þat he nes a wel god
þein. 1845
Comen þa tidinde into Tintageol an hiȝende,
forð into þan castle þer Vðer wes inne,
þat islaȝen wes ful iwis þe eorl heore læuerd Gorlois,
and alle his here-gumen, and his castel inumen.
Þis iherde þe king, þer he læi an skenting, 1850
and leop ut of bure, swulc hit an liun weore.
Þa quað þe king Vðer—of þissen tiðende he wes wær:
'Beoð stille, beoð stille, cnihtes inne halle!
Here ich æm ful iwis, eore læuerd Gorlois,
and Jurdan mi burward and Brutael mi stiward. 1855
Ich and þas tweie cnihtes leopen ut of þan fihte,
and hider in we beoð idraȝen; neore we noht þere islaȝen.
Ah nu ich wulle fusen and sumnien mine ferde,
and ich and mine cnihtes scullen al bi nihte
faren in ænne tun and imeten Vðer Pendragun, 1860
f. 110b and buten he of sæhnesse speken ich wulle me wu[r]ðliche
awrake.
And ȝe þesne castel bicluseð swiðe uaste,
and hateð me Ygerne þat heo noht ne murne.
Nu ich fare forðriht; habbeoð alle gode niht!'
Biforen ferde Merlin and þe þein Vlfin, 1865
and seoððen Uðer Pendragun, ut of Tintageolestun;
æuere heo uerden alle niht þat hit wes dæi-liht.
Þa com he to þan ærde þer læi his ferde,
Merlin hafde a þene king his wlite iset þurh alle þing;

1846 Tintageol] Totintageol

þa icneowen cnihtes heore kinelauerd. 1870
Þer wes moni oht Brut mid blissen afeolled;
þa weoren inne Bruttene blissen inoȝe;
hornes þer bleowen; gleomen g[unn]en gleowen;
glad æuerælch cniht, al mid pælle biþæht.
Þreo dæies wes þe king wuniende þere, 1875
and þan feorðe dæie to Tintaieol he wende.
He sende to þan castle his selest þeines
and grætte Ygærne, wifuene aðelest,
and sende hire taken whæt heo i bedde speken;
hehte heo þat heo aȝeuen þene castel biliue— 1880
þer nes nan oðer ræd, for hire lauerd wes dæd.
Ȝet wende Ygærne þat hit soð weoren
þat þe dæde eorl isoht hafede his duȝeðe, f. 110a[v]
and al heo ilæfde þat hit læs weore
þat þe king Vðer æuere weoren icumen her. 1885
Cnihtes eoden to ræde; cnihtes eoden to rune;
radden þat heo nalden þene castel lengere halden;
heore brugge heo duden adun and bitahte hine Vðer Pendragun.
Þa stod al þis kinelond æft an Vtheres hond.
Þer Vðer þe king nom Ygærne to quene. 1890
Ygærne wes mid childe bi Vðer kinge
al þurh Merlines wiȝel ær heo biwedded weore.
Þe time com þe wes icoren þa wes Arður iboren.
Sone swa he com an eorðe, aluen hine iuengen;
heo bigolen þat child mid galdere swiðe stronge; 1895
heo ȝeuen him mihte to beon bezst alre cnihten;
heo ȝeuen him anoðer þing, þat he scolde beon riche king;
heo ȝiuen him þat þridde, þat he scolde longe libben;
heo ȝifen him, þat kinebern, custen swiðe gode
þat he wes metecusti of alle quike monnen. 1900
Þis þe alue him ȝef, and al swa þat child iþæh.
Æfter Arður wes iboren þeo ædie burde;
heo wes ihaten Æne, þat ædien maiden,
and seoððen heo nom Loð, þe Leones ahte; f. 110[v]b

heo wæs inne Loeneis leodene læfdi. 1905
Longe liuede Vðer mid muchelere blisse her
mid gode griðe, mid gode friðe, freo on kinedome.
Þa þe he wes ald mon, þa com him ufel on.
Þat vfel hine læide adun; seoc wes Vðer Pendragun;
swa he wes here seoc seoue ȝere. 1910
Þa iwurðen Bruttes swiðe ibalded;
heo duden ofte unwræste al for æieleste.
Þe ȝet læi ibunden in þe quarterne of Lunden
Octa Hengestes sune, þa at Eouerwic wes inume,
and his iueren Ebissa and his oðer Ossa; 1915
heom biuusten twælf cnihtes dæies and nihtes,
þa weoren weri oflæien inne Lundenne.
Octa iherde suggen of seocnesse þas kinges,
and spac wið þa wardesmen, þe hine witen scolden:
'Hærcneð me nu, cnihtes, þat ich eou wulle cuðen. 1920
We liggeð here i Lundene, uaste ibunden,
and ȝe monienne longne dæi ouer us ilæien habbeoð.
Bettere us weoren to libben inne Sexlonde
mid muchele richedome þene þus reouliche here.
f. 111a And ȝif ȝe wolden iwurðen and don mine iwille, 1925
ich eou wolden ȝiuen lond, muchel seoluer and gold,
þat a ȝe mihten riche rixlien in þan londe
and eoure lif libben, swa eou bið alre leofuest.
For no biden ȝe nauere ȝiuen gode of Vðer kinge,
for nu ful raðe he bið dæd, and his duȝeðen al bilæueð;
þenne nabben ȝe nouðer þat an no þat oðer. 1931
Ah biðenche eou, ohte men, and doð us eoure mildze on,
and þencheð whæt eou weoren leof ȝif ȝe þus ibunden leien
and mihten in eouwer londe libben inne winne.'
Swiðe ofte Octa wið þæs cnihtes spac swa. 1935
Cnihtes gunnen runen; cnihtes gunnen ræden;
to Octa heo seiden ful stille, 'We scullen don þine iwille.'
Aðes heo sworen swiken þat heo nalden.
Hit wæs in ane nihte þat þe wind wende rihte;

1906 liuede] luuede

forð iwenden cnihtes to þere midnihte 1940
and ledden uorð Octa and Ebissa and Ossa;
after þere Temese tuhten forð into þere sæ;
forð heo iwenden into Sæxlonden.
Heore cun heom com aȝeines mid mucle flockes;
heo liðen ȝeond þan leoden swa heom wes alre leofuest. f. 111b
Me heom bitahte lond; me ȝæf heom seoluer and gold. 1946
Octa hine biðohte whæt he don mahte;
he þohten hider wenden and wræken his fader wunden.
Ferden heo biȝæten of folke vnimete;
to þere sa heo wenden mid muchele þrætte; 1950
to Scotlonde heo comen;
sone heo fusden alond and mid fure hit igrætten.
Sæxes weoren ræie; Scottes heo sloȝen;
mid fure heo adun læiden þritti hundred tunes;
Scottes heo sloȝen moni and unifoȝen. 1955
Comen þa tidende to Vðer kinge.
Vðer wes swiðe wa and wunderliche ihærmed,
and senden into Loæines to leofen his freonden
and grette Lot his aðum and hehte hine beon an sund
and hahte hine nimen an his hond al his kinewurðe lond,
cnihtes and freo men, and freoliche heom halden, 1961
and leden heom to ferde, swa laȝen beoð an ærde.
And he hæhte his cnihtes leoue beon hærsume Loðe,
mid leofliche læten, swulc he weoren leodene king.
For Lot wes swiðe god cniht and hafde ihalden moni fiht, 1965 f. 111va
and he wes metecusti æueralche monne,
he bitahten him þa warde of alle þissen ærde.
Octa heold muche vnfrið, and Lot faht him ofte wið,
and ofte he ahte biȝæt and ofte he heom losede.
Bruttes hafden muchel mode and vnimete prute 1970
and weoren æielese for þas kinges alde,
and lætten swiðe hokerliche of Lote þan eorle,
and duden swiðe vnwraste alle his haste,
and weoren alle twiræde—heore teone wes þa mare!

1954 þritti] scotti 1973 alle] & alle

Þis wes isæid sone seocken þan kinge, 1975
þat his hæȝe men Lot al forhoȝeden.
Nu ich þe wulle tellen a þissen boc-spællen
hv Vðer þe king uundede hine seolven.
He sæide þat he wolde wende to his ferde
and mid his eȝene iseon wæ þer wolde wel don. 1980
He lette makien þere gode horse-bere
and letten beoden uerde ȝeond al his kine-ærde
þat ælc mon bi his liue comen to him swiðe,
bi heore liue and bi heore leme, to wræken þas kinges scome,
'And ȝif þær is æi gume þæt nulle hiȝenliche cume, 1985
f. 111ᵛb ich wulle hine hiȝenliche fordon oðer slæn oðer anhon.'
Alle ful sone to hirede heo comen;
no durste þær bilæuen na þæ uatte no þe læne.
Þe king forðrihtes nom alle his cnihtes
and ferde him anan to þan tune of Verolam; 1990
abuten Uerolames tun com him Vðer Pendragun.
Octa wes wiðinnen mid alle his monnen.
Þa wes Verolam a swiðe kinewurðe hom;
Seint Alban wes þer islæȝen and idon of lif-dæȝen;
þe burh wes seoððe foruaren and muchel folc þer wes islæȝen.
Vðer lai wiðuten and Octa wiðinnen. 1996
Vðeres ferde fusde to wal;
ræsden to feondliche þeines riche;
ne mihte heo of þan walle ænne stan falle
no mid nare strengðe þene wal amærre. 2000
Wælle bliðe wes þæ Hangestes sune Octa,
þa he isæh Bruttes buȝen from walle
and sorhful wenden aȝæin to heore telden.
Þa sæide Octa to his iueren Ebissa:
'Her is icumen to Verolam Vðer, þe lome mon, 2005
and wulle wið us here fihten in his bære;
he wænde mid his crucche us adun þrucche.
Ah tomærȝe, wæne hit dæi buð, duȝeðe scal arisen

1978 uundede] uurede 1990 Verolam] merelam 1992 monnen] imonnen 1994 þer] þes 2005 Verolam] æuerlam

and oppenien ure castel-ȝæten; þas riche we swullen al biȝeten; f. 112a
ne scullen we nauære here liggen for ane lome monne. 2010
Ut we scullen riden uppen ure steden goden
and to Uðere fusen and his folc fællen—
for alle heo beoð fæie þat hider beoð iridenen—
and nimen þene lome mon and leggen in ure benden
and halden þene wræcche a þat he forwurðe; 2015
and sa me scal lacnien his leomes þat beoð sare
and his ban rihten mid bitere stelen.'
Þus him ispac Octa wið his iuere Ebissa,
ah al hit iwrað oðer þene heo iwenden.
Amarȝe, þa hit daȝede, duren heo untunden. 2020
Up aras Octa, Ebissa and Ossa
and hehten heore cnihtes ȝarkien heom to fihte,
vndon her brade ȝæten, burȝen untunen.
Octa him ut ræd, and muche folc him after glæd;
mid balden his beornen þer he bælu funden. 2025
Vðer him þis isæh, þat Octa heom to bæh,
and þohten his ferde feolen to grunde.
Þa cleopede Uðer mid quickere stefene þer:
'Wær beo ȝe, Bruttes, balde mine þeines?
Nu is icumen þe ilke dæi þe Drihten us helpen mai, 2030 f. 112b
þat Octa scal ifinden þat he þrættede me to binden.
Iþencheð on eoure aldren, hu gode heo weoren to fehten.
Iþencheð þene wurðscipe þat ich eou habbe wel biwiten.
Ne læten ȝe næuere þas hæðene bruken eoure hames,
þæs ilke awedde hundes walden eouwere londes. 2035
And ich wullen bidden Drihten, þat scop þæs dæies lihten,
and alle þaie halȝen þa an hæfene hæhȝe sitteð
þat [ich] on þissen felde mote beon ifroured.
Nu fuseð heom to swiðe! Fulste eou Drihten.
Þe alwaldinde God biwiten mine þeines.' 2040
Cnihtes gunnen riden; gæres gunnen gliden;
breken bræde speren; brusleden sceldes;
helmes þer scenden; scalkes feollen.

2017 bitere] bitele

Þe Bruttes weoren balde and bisie to fihten,
and þa hæðene hundes hælden to grunde. 2045
Þer wes islaȝen Octa, Ebissa and Ossa;
þer seouentene þusend siȝen into helle;
feole þer atwenden touward þan norð enden.
Al þene dæi-lihte Vðeres cnihtes
sloȝen and nomen al þat heo neh comen. 2050
Þa hit wes eauen, þa wes hit al biwunnen.
f. 112va Þa sunggen hiredmen mid hæȝere strengðe
and þæs word sæiden inne murie heore songen:
'Her is Vðer Pendragun icume to Verolames tun,
and he hæfueð idubbed swa Octa and Ebissa and Ossa,
and itah[t] heom a londen laȝen swiðe stronge, 2056
þat men maȝen tellen heore cun to spelle
and þerof wurchen songes inne Sæxlonde.'
Þa wes Vðer bliðe and igladed swuðe
and spac wið his duȝeðe, þe deore him wes an heorte, 2060
and þas word sæide Vðer þe alde:
'Sexisce men me habbeoð for hene ihalden;
mine unhæle me atwiten mid heore hoker-worden,
for ich wes here ilad inne horse-bere,
and sæiden þat ich wes ded and mi duȝeðe aswunden. 2065
And nu is muchel sellic isiȝen to þissere riche
þat nu haueð þeos dede king þas quiken aqualden,
and summe he heom flæmde uorð mid þan wedere.
Nu iwurðen her after Drihtenes wille!'
Fluȝen Sæxisce men feondliche swiðe, 2070
þe weoren bihalues ihalden from þan fihte.
Forð heo gunnen scriðen into Scotlonde
f. 112vb and nomen heom to kinge Colgrim þene hende.
He wes Hængestes mæie and monnen him leofuest,
and Octa hine lufede þæ while þe he leouede. 2075
Weoren þa Saxisce men swiðe iswunten
and iscriðen heom tosomne into Scotlonde,
and Colgrim þene hende heo makeden to kinge
and sumneden færde wide ȝeond þan ærde

and sæiden þat heo wolden mid heore wiðercraften 2080
inne Winchastre tun quellen Vðer Pendragun.
Walawa, þat hit sculde iwurðen swa!
Nu sæiden Saxisce men in heore som-runen:
'Nime we six cnihtes, wise men and wihte,
hæweres witere, and senden we to hirede, 2085
læten heom uorð liðen an almesmonnes wisen,
and wunien an hirede mid heȝe þan kinge,
and æuerælche dæie þurhgon al þa duȝeðe,
and gan to þas kinges dale, swulc heo weoren vnhale,
and imong þan wracchen harcnien ȝeorne 2090
ȝif mon mihte mid crafte a dæi oðer a nihte
inne Winchæstres tun cumen to Vðer Pendragun,
and mid morð-spelle þene king aquellen.'
Þenne weoren heore iwil allunge iwurden; f. 113a
þenne weoren heo carelæse of Costantines cunne. 2095
Nu wenden forð þa cnihtes, al bi dæies lihten,
on ælmesmonnes claðes, cnihtes forcuðest,
to þas kinges hirede, þer heo hærm wrohten.
Heo eoden to þære dale, swulc heo weoren unhale,
and hærcneden ȝeornen of þas kinges hærme, 2100
hu me þæne king mihte to dæðe idihte.
Þa imetten heo enne cniht; from þan kinge he com riht;
he wes Vðeres mæi and monnen him leofuest.
Þas swiken þer heo sæten on longen þere streten
cleopeden to þan cnihte mid cuðliche worden: 2105
'Lauerd, we beoð wracche men a þissere weorlde-riche.
While we weoren on lorde for gode men iholden,
a þat Sæxisce men setten us adune
and al biræiueden us and ure æhten binomen us.
Nu we beden singeð for Vðer kinge. 2110
Ælche dæie on a mæl ure mete trukeð;
ne cumeð nauere inne ure disc neoðer flæs na no fisc
no nanes cunnes drænc, buten water scenc,
buten water clæne; for þi we beoð þus læne.' f. 113b

2085 hirede] hiredede 2092 Pendragun] Pendragrun

Þis iherde þe cniht; aȝæn he eode forðriht 2115
and com to þan kinge, þer he lai on bure,
and seide to þan kinge: 'Lauerd, beo þu on sunde!
Her ute sitteð six men, iliche on heouwen;
alle heo beoð iferen, iscrudde mid heren.
While heo weoren a þissere worlde-richen 2120
godfulle þeines, mid goden afeolled;
nu habbeoð Sæxisce men isæt hom to grunden,
þat heo beoð on weorlde for wracchen ihalden.
No raccheoð heo to borde buden bræd ane
no to heore drenches bute water scenches. 2125
Þus heo leodeð heore lif inne þire leode
and heore beoden biddeð þat Godd þe lete longe libben.'
Þa quað Vðer þe king: 'Let heom cumen hider in.
Ich heom wulle scruden and ich heom wulle ueden,
for mines Drihtenes lufe, þa wille þa ich liuie.' 2130
Comen into bure beornes þa swikele.
Þe king heom lette feden; þæ king heom lette scruden;
and nihtes hom læiden ælc on his bedde
and ælc on his halue heoȝede ȝeorne
hu heo mihten þene king mid morðe aquellen, 2135
f. 113va ah ne mihten heo þurh naþing aquellen Vðer þene king
ne þurh nane crafte cumen to him ne mahten.
Þa iwærð hit in ane time þe ræin him gon rine.
Þa cleopede þer a læche, þer he læi on bure,
to ane bur-cnihte and hahte hine forðrihtes 2140
irne to þere welle, þe wes on væst þere halle,
and setten þere ænne ohte swain to biwiten heo wið ræin,
'For þe king ne mai on duȝeðe bruken nanes drenches
buten cald welles stræm, þat him is iqueme,
þat is to his ufele aðelest alre drenche.' 2145
Þas speche uorðrihtes iherden þas six cnihtes.
To harme heo weoren wiþte and ut wenden bi nihte
forð to þere welle, þer ho hærm wrohten.

2137 mahten] nahten 2142 þere] þene 2144 iqueme] iquene 2148 wrohten] wrorhten

Vt heo droȝen sone amppullen scone,
ifulled mid attere, weten alre bitterest. 2150
Six amppullen fulle heo ȝeoten i þan welle;
þa wes þa welle anan al mid attre bigon.
Þa weoren ful bliðe þæ swiken on heore liue,
and forð heo iwenden; ne dursten heo þer bilæfen.
Þa comen þer forðrihtes tweien bur-cnihtes; 2155
heo beren on heore honde twæie bollen of golde; f. 113vb
heo comen to þare welle and heore bollen feolde.
Aȝæin heo gunnen wende to Vðer þan kinge,
forð into þan bure, þer he læi on bedde.
'Hail seo þu, Vðer! Nu we beoð icumen her, 2160
and we habbeoð þe ibroht þat þu ær bedde,
cæld welle water. Bruc hit on wunne!'
Vp aras þe seocke king and sat on his bedde.
Of þan watere he dronc, and sone he gon sweten;
his heorte gon to wakien; his neb bigon to blakien; 2165
his wombe gon to swellen; þe king gon to swelten.
Næs þer nan oðer ræd, þer wes Vðer king dæd;
alle heo iwurðen dede þat drunken of þan watere.
Þa þat hired isah þat sorhȝen of þan kinge
and of þas kinges monnen, þe mid attre weoren fordone,
þa wenden to þere welle cnihtes þe weoren snælle 2171
and þa welle forduden mid derfulle swincche,
mid eorðe and mid stanen; stepne hul makeden.
Þa nomen þa duȝeðe þene king dede,
vnimete uolc, and forð hine uereden, 2175
stið-imodede men, into Stanhengen, f. 114a
and hine þer bureden bi leofen his broðer;
side bi side beiene heo þer liggeð.
Þa com hit al togadere þat hæhst wes on londe,
eorles and beornes and boc-ilarede men; 2180
heo comen to Lundene to muchelere hustinge.
Nomen heom to rade þeines riche
þat heo wolden ouer sæ senden sonde

2162 cæld] clæld

into Bruttainne after bezst alre ȝeoȝeðe
þa a þissere weorlden-riche a þan dæȝen weore, 2185
Ærður ihaten, bezst alre cnihten,
and suggen þat he cumen sone to his kinedome,
for dæd him wes Vðer, al swa Aurilien wes ær,
and Vðer Pendragune nefde nenne oðerne sune
þat mihte after his daȝen halden Bruttes to laȝe, 2190
mid wurðscipe halden and þisne kinedom walden,
for ȝæt weoren in þissen londe Sæxes atstonden,
Colgrim þe kene and moni þusend of his iueren,
þa ofte ure Bruttes makeden hufele burstes.
Bruttes ful sone þreo biscopes nomen 2195
and ridæres seouene, ræiȝe on wisdome;
forð heo gunnen buȝen into Bruttaine,
f. 114b and heo ful sone to Ærðure comen.
'Hail seo þu, Arður, aðelest cnihten!
Vðer þe [gan] græten, þa he sculde iwiten, 2200
and bæd þat þu sculdest a Brutten þe seoluen
halden laȝen rihte and hælpen þine folke
and witen þisne kinedom, swa god king sculden don,
þine feond flæmen and driuen heom of londen,
and he bad þe to fultume þene milde Godes sune, 2205
þat þu mostes wel don and þat lond of Godde afon,
for dæd is Vðer Pendragun, and þu ært Ærður his sune,
and dæd is þe oðer, Aurilien his broðer.'
Þus heo gunnen tellen, and Arður sæt ful stille;
ænne stunde he wes blac and on heuwe swiðe wak; 2210
ane while he wes reod and reousede on heorte.
Þa hit alles up brac, hit wes god þat he spac;
þus him sæide þer-riht Arður þe aðele cniht:
'Lauerd Crist, Godes sune, beon us nu a fultume,
þat ich mote on life Goddes laȝen halden!' 2215
Fiftene ȝere wes Arður ald, þa þis tiðende him wes itald,
and alle heo weoren wel bitoȝen, for he wes swiðe iðoȝe.
Ærður forðrihtes cleopede his cnihtes

2200 iwiten] iwihten 2203 witen] wihten

and hæhte æuerælcne mon bonnien his weppnen f. 114va
and heore hors sadelie hiȝendliche swiðe, 2220
for he wolde buȝe to þissere Brutene.
To þere sæ wenden sele þeines
at Mihæles Munte, mid muchelere uerede.
Þa sæ heo sætten a þat strond; at Suðhamtune heo comen alond.
Forð him gon ride Arður þe riche 2225
riht to Selechæstre, þer him sel þuhte;
þer wes Bruttene weored baldeliche isomned.
Muchel wes þa blisse þa Arður com to burhȝe;
þer wes bemene blæst and swiðe glade beornes;
þer heo houen to kinge Arður þene ȝunge. 2230
Þa þe Arður wes king—hærne nu seollic þing—
he wes metecusti ælche quike monne,
cniht mid þan bezste, wunder ane kene.
He wes þan ȝungen for fader, þan alden for frouer,
and wið þan vnwise wunder ane sturnne; 2235
woh him wes wunder lað and þat rihte a leof.
Ælc of his birlen and of his bur-þæinen
and his ber-cnihtes gold beren an honden
to ruggen and to bedde, iscrud mid gode webbe.
Nefde he neuere nænne coc þat he nes keppe swiðe god,
neuær nanes cnihtes swein þat he næs bald þein. 2241 f. 114vb
Þe king heold al his hired mid hæȝere blise,
and mid swulche þinges he ouercom alle kinges
mid ræhȝere strengðe and mid richedome.
Swulche weoren his custes þat al uolc hit wuste. 2245
Nu wes Arður god king; his hired hine lufede;
æc hit wes cuð wide of his kinedome.
Þe king huld i Lundene ane muchele hustinge;
þerto weoren ilaðede his leond-cnihtes alle,
riche men and hæne, to hæȝen þan king. 2250
Þa þe hit wes al icume, uolc vnimete,
vp aræs Arður, aðelest kingen,

2235 wunder] winder

and lette bringen him biforen halidomes wel icoren.
Þerto gon cneoli þe king sume þrie;
nuste noht his duȝeðe what he deme wolde. 2255
Arður heold up his riht hond; ænne að he þer swore
þat næuere bi his liue, for nanes monnes lære,
ne sculden inne Brutene Sæxes wurðen bliðe,
londes beon wurðen no wurðscipe bruke,
ah he heom wolde flemen, for heo weoren iuæid wið him.
Sloȝen Vðer Pendragune, þe wes Costa[n]ces sune; 2261
f. 115a swa heo duden þene oðer, Aurilien his broðer;
for þi heo weoren on londe laðest alre uolke.
Arður forðrihtes nom his wise cnihtes;
weore heom lef weore heom lað, alle heo sworen þene að,
trouliche þat heo wolden mid Arðure halden 2266
and wreken þene king Vðer, þat Sæxes aqualden her.
Arður his writen sende wide ȝeond his londe
after alle þan cnihten þe he biȝiten mihte,
þat heo ful sone to þan kinge comen 2270
and he heom wolde on londe leofliche athalden,
scipien heom mid londe, mid seoluere and mid golde.
Forð þe king ferde mid vnimete uerde;
folc he ledde sællic and ferde riht to Eouerwic.
Þer he læi ane niht; amærwe he ferde forðriht 2275
þer he wuste Colgrim and his iueren mid him.
Seoððen Octa wes ofslaȝen and idon of lif-dæȝen,
þe wes Hengestes sune vt of Sæxlonde icumen.
Colgrim wes þe hæhst mon þat ut of Saxlonde com,
after Hengeste and Horse his broðer 2280
and Octa and Ossa and heore iuere Ebissa.
Heold a þan ilke dæȝen Colgrim Sæxes to laȝen,
ladde and radde mid ræȝere strengðe;
f. 115b muchel wes þat moncun þat ferde mid Colgrim.
Colgrim iherde tidende of Arðure þan kinge, 2285
þat he touward him com and wolde him vfel don.
Colgrim hine biþohte whæt he don mahte

2277 Seoððen] Swedððen 2285 Arðure] Arðude

and bonnede his uerde ȝeond al þan norð ærde.
Þer liðen tosomne alle Scotleode;
Peohtes and Sæxes siȝen heom togæderes, 2290
and moniennes cunnes men uuleden Colgrimen.
Forð he gon fusen mid vnimete verde
toȝaines Arðure, aðelest kingen;
he þohte to quellen þe king on his þeoden,
and his folc uallen uolden to grunden, 2295
and setten al þis kinelond an his aȝere hond,
and fallen to þan grunde Arður þene ȝunge.
Forð wende Colgrim and his ferde mid him
and wende mid his ferde þat he com to ane watere;
þat water is ihaten Duglas; duȝeðen hit aquelde. 2300
Þer com Arður him aȝein, ȝaru mid his fehte,
in ane brade forde þa ferden heom imetten;
fastliche onsloȝen snelle heore kempen;
feollen þa uæie uolden to grunde.
Þer wes muchel blodgute; balu þer wes riue; 2305
brustlede scæftes; beornes þer ueollen. f. 115va
Þat isæh Arður; on mode him wes unneðe.
Arður hine biðohte whæt he don mahte
and teh hine abacward in enne uald brade.
Þa wenden his feond þat he flæn walde, 2310
þa wes glad Colgrim and al his ferde mid him;
heo wenden þat Arður mid arhðe weore afallæd þere,
and tuȝen ouer þat water alse heo wode weoren.
Þa Arður þat isah, þat Colgrim him wes swa neh
and heo weoren beien bihalues þan wateren, 2315
þus seide Arður, aðelest kingen:
'Iseo ȝe, mine Bruttes, here us bihalfues,
ure iuan uulle—Crist heom aualle!—
Colgrim þene stronge, ut of Sæxlonde.
His cun i þisse londe ure ælderne aqualden, 2320

2295 uallen] ualden 2300 aquelde] aquelle 2303 kempen] kenpen 2309 teh] thehte 2312 arhðe] arhredðe 2317 bihalfues] bilalfues

ah nu is þe dæi icumen þe Drihten haueð idemed,
þat he scal þat lif leosen and leosien his freonden,
oðer we sculle dæde beon; ne muȝe we hine quic iseon.
Scullen Sæxisce men sorȝen ibiden,
and we wreken wurhliche ure wine-maies.' 2325
Vp bræid Arður his sceld foren to his breosten,
f. 115vb and he gon to rusien swa þe rimie wulf,
þenne he cumeð of holte, bihonged mid snawe,
and þencheð to biten swulc deor swa him likeð.
Arður þa cleopede to leofe his cnihten: 2330
'Forð we biliue, þeines ohte,
alle somed heom to! Alle we sculleð wel don,
and heo uorð hælden, swa þe hæȝe wude
þenne wind wode weieð hine mid mæine.'
Fluȝen ouer þe woldes þritti þusend sceldes 2335
and smiten a Colgrimes cnihtes, þat þa eorðe aȝæn quehte;
breken braden speren; brustleden sceldes;
feollen Sæxisce men folden to grunden.
Þat isah Colgrim; þeruore wa wes him,
þe alre hendeste mon þe ut of Sexlonde com. 2340
Colgrim gon to flænne feondliche swiðe,
and his hors hine bar mid hæhȝere strengðe
ouer þat water deope and scelde hine wið dæðe.
Saxes gunnen sinken; sorȝe heom wes ȝiueðe.
Arður wende his speres ord and forstod heom þene uord;
þer adruncke Sexes fulle seoue þusend. 2346
Summe heo gunnen wondrien, swa doð þe wilde cron
f. 116a i þan mor-uenne, þenne his floc is awemmed,
and him haldeð after hauekes swifte,
hundes in þan reode mid reouðe hine imeteð; 2350
þenne nis him neouðer god no þat lond no þat flod;
hauekes hine smiteð, hundes hine biteð;
þenne bið þe kinewurðe foȝel fæie on his siðe.
Colgrim ouer feldes flæh him biliues
þat he com to Eouerwic riden swiðe sellic. 2355

2327 rimie] runie

He wenden into burȝe and faste heo biclusde,
hafuede he binnen ten þusend monnen,
burh-men mid þa bezste, þe him bihalues weoren.
Arður halde after mid þritti þusend cnihten
and ferde riht to Eouerwic mid folke swiðe sellic 2360
and bilæi Colgrim, þe weorrede aȝæin him.
Seouen niht þer biuoren wes suðward ifaren
Baldolf þe hende, broðer Colgrimes,
and lai bi þare sæ-brimme and abad Childrichen.
Childric wes i þan daȝen cæiser of riche laȝen; 2365
inne Alemaine þat aðel wes his aȝene.
Þa iherde Baldolf, þer he bi sæ lai,
þat Arður hafde inne Eouerwic Colgrim biclused.
Baldolf hæfde ibonned seouen þusend monnen f. 116b
baldere beornnen, þe bi sæ leien; 2370
heo nomen heom to ræden þat aȝæin heo wolden riden
and bilæuen Childric and faren into Eouerwic
and fehten wið Arðure and aquellen al his duȝeðe.
Baldolf swor on his grome þat he wolde beon Arðures bone
and bruken al þas riche, mid Colgrime his broðere. 2375
Nolde Baldolf abide þan keisere Childriche,
ah þenne he ferde uorð and droh him forðrihtes norð
from dæie to dæie mid baldre duȝeðe,
þat he com in ane wude in ane wilderne,
from Arðures ferde fulle seoue milen. 2380
He hafde iþohte bi nihten mid seouen þusend cnihten
to riden uppen Arður, ær þe king wore war,
and his folc afeollen and hine seolf aquelle.
Ah al hit oðer iwarð, oðer he iwende,
for Baldolf hafede on hirede ænne cniht Bruttiscne; 2385
he wes Arðures mæi, Maurin ihaten.
Maurin bihalues to þan wude halde,
þurh wude and þurh feldes, þat he com to Arðures teldes
and þus seide sone to Arður kinge: f. 116ᵛa
'Hail seo þu, Arður, kingene aðelest! 2390

2374 Arðures] Ardureres

Ich æm hidere icume; ich æm of þine cunne.
Her is Baldulf icumen mid swiðe hærde hære-gumen
and þencheð in þissere nihte to slæn þe and þine cnihtes,
to wracken his broðer, þe swiðe is vnbalded,
ah Godd him scal forwrænen þurh his muchele mihten.
And send nu uorð Cador, þene eorl of Cornwaile, 2396
and mid him ohte cnihtes, gode and wihte,
fulle seoue hundred selere þeines,
and ich heom wulle ræden and ich hom wulle leden,
hu heo muwen Baldulf slæn alse enne wulf.' 2400
Forð ferde Cador, and alle þas cnihtes,
þat heo comen bihalues þer Baldulf lai on comele.
Heo him to helden on ælchere haluen;
heo slozen, heo nomen al þat heo aneh comen;
þer weoren aqualde nizen hundred alle italde. 2405
Baldulf wes bihalues igan him aburhzen
and þurh þa wilderne flæh feondliche swiðe,
f. 116vb and hafde his men leofe mid reouðe bilæfued,
and fleh him swa feor norð þat he com swa uorð
þer Arður lai in uolde mid richen his ferde, 2410
al abuten Eouerwic, king swiðe seollic.
Colgrim wes wiðinnen mid Sæxisce monnen;
Baldulf hine biþohte what he don mihte,
mid wulches cunnes ginne he mihte cumen binnen,
into þere burhze to Colgrime his broðere, 2415
þe wes him on liue leofest alre monne.
Baldulf lette striken to þan bare lichen
his bærd and his chinne and makede hine to crosse;
he lette sceren half his hæfd and nom him ane harpe an hond.
He cuðen harpien wel an his childhaden, 2420
and mid his harpe he ferde to þas kinges hirede
and gon þær to gleowien and muche gome to makien.
Ofte me hine smæt mid smærte zerden;
ofte me hine culde swa me deð crosce;
ælc mon þe hine imette mid bismare hine igratte; 2425

2406 aburhzen] aburhzes

swa nauere na mon nuste of Baldulfes custe, f. 117a
buten hit weore crosse icumen to þan hirede.
Swa he eode longe upward, swa longe he eode adunward,
þat heo weoren warre þe weoren þær wiðinnen
þat hit wes Baldulf, Colgrimes broðer. 2430
Heo wurpen ut enne rap, and Baldulf hine faste igrap,
and bruden up Baldolf, þat he binnen com;
mid swulches cunnes ginnes Baldulf com wiðinnen.
Þa wes bliðen Colgrim, and alle his cnihtes mid him,
and swiðe heo gunnen þratien Arður þene king. 2435
Arður bihalues wes and þis gomen isæh
and wraðde hine sulfne wunderliche swiðe
and hæhte anan wepnien al his wunliche uolc;
he þohte þe burhʒe mid strengðe to biwinnen.
Alse Arður wolde to þan walle ræse, 2440
þa com þer riden Patric þe riche mon,
þat wes a Scottisc þein, scone an his londen,
and þus clupien agon to þan kinge anan:
'Hail seo þu, Arður, aðelest Brutten!
Ich þe wulle tellen neouwe tidende 2445 f. 117b
of þan kæisere Childriche, þan wode and þan richen,
þan strongen and þan balden. He is inne Scottlonde,
ihælde to are hafene, and hames forberneð
and waldeð al ure lond after his ahʒere hond.
He haueð uerde wel idone, al þa strengðe of Rome; 2450
he sæið mid his ʒelpe, þenne me him win scencheð,
þat þu ne dærst in nare stude his ræsses abiden
no on uelde no on wude no nauere nane stude,
and ʒif þu him abidest, he þe wule binden,
quellen þine leoden and þi lond aʒen.' 2455
Ofte wes Arðure wa, nauere wurse þene þa,
and he droh hine abac bihalues þere burʒe;
clupede to ræde cnihtes to neode,
beornes and eorles and þa hali biscopes,
and bad þat heo him radden hu he mihte on richen 2460

2452 stude] hude

mid his mon-weorede his monscipe halden
and fehten wið Childriche, þan stronge and þan richen,
þa hider wolde liðe to helpen Colgrime.
f. 117va Þa andswarede Bruttes, þa þere weoren bihalues:
'Faren we riht to Lundene and lete hine liðen after, 2465
and ȝif he cumeð riden, sorȝe he scal ibiden;
he seolf and his ferde fæie scal iwurðen.'
Arður al bilufeden þat radden his leoden;
forð he gon liðen þat he to Lundene com.
Colgrim wes in Eouerwic, and þær abad him Childric. 2470
Chilric gon wende ȝeon þan norð ende
and nom on honde muchæl dal of londe.
Al Scotþeode he ȝaf his ane þeine
and al Norðhumberlond he sette his broðer an hond;
Galeweoie and Orcaneie he ȝaf his ane eorle; 2475
himseolf he nom from Humbre þat lond into Lundene.
Ne þohte he nauеremare of Arður habben are,
buten he wolden his mon bicume, Arður Vðeres sune.
Arður wes in Lundene, mid alle Brutleoden;
he bed his ferde ȝeond alle þissen ærde, 2480
þat æuerælc mon þe him god vðen
ræðe and ful sone to Lundene comen.
Þa wes Ænglene lond mid ærmþe offulled;
her wes wop and her wes rop and reouðen vniuoȝe,
f. 117vb muchel hunger and hæte at æuerælche monnes ȝete. 2485
Arður sende ouer sæ sele tweie cnihtes
to Hoele his mæie, þe wes him leofest monnen,
þe ahte Bruttaine, cniht mid þan bezste,
and bad hine ful sone þat he hider come
liðen to londe leoden to helpen, 2490
for Chældrich hafde an honde muchel of þissen londe,
and Colgrim and Baldulf him to iboȝen weoren
and þohten Arður þene king driuen ut of cuððen,
binimen him his icunde and his kineriche.
Þenne were his cun iscend mid scomeliche witen, 2495
heore wurðscipe iloren a þissere worlde-richen;

þenne weoren þan kingge betere þat he iboren neore.
Þis iherde Howel, þa hahste of Brutaine,
and he cleopien agon his sele cnihtes anan
and bæd heom to horse hiȝenliche swiðe 2500
and faren into France to þan freo cnihten,
and seide heom þat heo comen raðe and ful sone
to Mihæles Munte mid muchere strenðe,
alle þa þe wolden of seoluere and of golde
wurhscipe iwinne a þissere weorlde-richen. 2505 f. 118a
To Peito he sende sele his þeines,
and summe touward Flandres feondliche swiðe;
and to Turuine tweie þer wenden,
and into Gascuinne cnihtes æc gode,
and hahten heom mid maine touward Mihhæles Munte, 2510
and ær heo eoden to ulode, heo sculden habbeon ȝiuen gode,
þat heo mihte þa bliðere buȝen from heore ærde
and mid Howele þan hende cumen to þissen londe
to helpen Arðure, aðelest kingen.
Þreottene dæies igon weoren seoððen þa beoden comen þære. 2515
Þa halden heo to sæ, swa hahȝel deh from wolcne;
twa hundred scipene þer weoren wel biwitene;
me feolden heom mid folke, and heo forð wenden.
Wind stod and þat weder after heore wille,
and heo at Hamtone halden to londe. 2520
Up leoppen of scipe wode scalkes,
beren to londe halmes and burnen;
mid spæres and mid sceldes heo wriȝen al þa feldes.
Þer wes moni bald Brut; þat beot wes aræred;
heo beoteden swiðe bi heore quiken liue 2525
þat heo wolden igræten Cheldric þene richen,
þene kæisere mid muchele harme þere. f. 118b
And ȝif he nolde awæi fleon and touward Alemaine teon,
and he wolde on londe mid fehte atstonden,
mid balde his beornen beornes abiden, 2530

2516 heo] hit 2519 stod] stond 2530 beornes] beorkes

here heo sculde bilauen þat heom weore alre leofest,
hafden and heore honden and heore white halmes,
and swa heo scullen on londen losien heore freonden,
hælden into hælle, hæðene hundes.
Arður wes i Lundene, aðelest kingen, 2535
and iherde suggen suðere spellen
þat was icumen to londe Howel þe stronge,
to Hamtune forðrihtes mid þritti þusen cnihten,
and mid vnimete uolke þat wolleȝede þan kinge.
Arður him toȝaines bah mid hæhȝere blisse, 2540
mid muchelere mon-weorede, toȝæines his mæie.
Tosomne heo comen—blisse wes on hirede—
custen and clupten and cuðliche speken,
and anan forðrihtes somneden heore cnihtes.
Þa weoren þer tosomne sele twa ferden. 2545
Howel sculde dihten þritti þusend cnihten,
and Arður hafde an londe feouwerti þusend an honde.
f. 118va Forðrihtes he wenden touward þan norð ænde,
toward Lincolne, þe Cheldric þe kaisere bilai.
Ah he heo þa ȝæte nefde noht biwunnen, 2550
for þer weoren wiðinnen seoue þusen monnen,
ohte men and wihte, dæies and nihtes.
Arður mid his ferde fusde touward burȝe
and Arður forbæd his cnihtes, dæies and nihtes,
þat heo liðen stille, swulc heo stelen wolden, 2555
liðen ouer leoden and luden bilefden;
hornes and bemen alle weoren bilafde.
Arður nom enne cniht, þe wes oht mon and wiht,
and sende hine to Lincolne to leuen his monnen,
and he heom to soðe sæide mid muðe 2560
þat cumen wolde Arður, aðelest kingen,
to þere middernihte, and mid him moni god cniht;
'and ȝe wiðinne, þenne beoð eou iwarre
þat þenne ȝe ihereð þene dune, þat ȝe ȝæten untunen
and fuseð ut of burȝe and eoure feo[n]d felleð 2565

2531 leofest] ladest

and smiteð a Cheldrichen, þan strongen and þan richen,
and we heom sculleð tellen Bruttisse spelles.
Hit was to þere middelniht, þe mone scæn suð riht, f. 118ᵛb
Arður mid his ferde fusde to burh.
Þat folc wes swa stille swa heo stelen wolden; 2570
forð heo comen liðen þat heo iseiȝen Lincolne.
Þus him cleopien agon Arður, þe kene mon:
'Whar beo ȝe, mine cnihtes, mine hære-kemppen?
Iseo ȝe þa teldes, þer Childrich lið i ueldes,
Colgrim and Baldulf, mid baldere strengðe, 2575
þat Alemainisce uolc, þat us hæfeð ihærmed,
and þat Sæxisce uolc, þat sorȝen us bihateð,
þat alle habbeoð aqualde þa hæhste of mine cunne,
Constanz and Costantin and Vðer, þe wes fader min,
and Auriliæn Ambrosie, mines fader broðer, 2580
and moni þusend monnen of aðele mine cunne.
Uten we heom to liðe and to grunde leggen
and wreken wruðliche ure cun and heore riche,
and alle somed forðriht nu ride æueralc god cniht!'
Arður gon to riden; þa ferde gon gliden, 2585
swulc al þa eorðe wolde forbærnen,
and smiten i þa ueldes imong Childriches teldes.
Þæt wes þæ æreste mon þe þer cleopien agon, f. 119a
Arður þe heȝe gume, þe wes Vðeres sune,
kenliche and lude, swa bicumeð kinge: 2590
'Nu fulste us Marie Goddes milde moder!
And ich ibidde hire sune þat he us beon a fultume.'
Æfne þan wordes turnden heo heore ordes;
stikeden and sloȝen al þat heo neh comen,
and cnihtes ut of burhȝe buȝen heom toȝæines. 2595
Ȝif heo fluȝen to burȝen, þer heo forwurden;
ȝif heo floȝen to þa wude, þer hi heom forduden;
comen þer heo comen, æuere heo heom sloȝen.
Nis hit a nare boc idiht þat æuere weore æi fiht
inne þissere Bruttene þat balu weore swa riue, 2600

2597 wude] wunde

for volken him wes ærmest þat æuere com to ærde.
Þer wes muchel blod-gute; balu wes on folke;
dæð þer wes rife; þe eorðe þer dunede.
Childrich þe kæisere hæfede ænne castel here
a Lincolnes felde, þer he læi wiðinnen, 2605
þe wes neouwen iworht and swiðe wel biwust,
and þere weoren mid him Baldulf and Colgrim,
and iseȝen þat heore uolc fæie-sih worhten,
f. 119b and heo forðriht anon on mid heore burnen
and fluȝen ut of castle, kenscipe bidaled; 2610
and fluȝen forðriht anan to þe wude of Calidon.
Heo hafden to iferen seouen þusend rideren,
and ho bilafden ofslaȝen and idon of lif-daȝen
feowerti þusu[n]de, ifeolled to þan grunde,
Alemainisce men, mid ærmðe fordemed, 2615
and þa Sexisce men ibroht to þan grunden.
Þa isæh Arður, aðelest kingen,
þat Childrich wes ifloȝen, into Calidonie itoȝen
and Colgrim and Baldulf mid him iboȝen weoren
into þan haȝe wude, into þan hæȝe holme, 2620
and Arður bæh after mid sixti þusend cnihten
Bruttene leoden; þene wude al bileien,
and an are halfe hine feolden, fulle seoue milen,
treo uppen oðer treoliche faste;
an oðer halue he hine bilai mid his leod-ferde 2625
þreo daȝes and þreo niht—þat wes heom muchel pliht!
Þa isæh Colgrim, alse he læi þerin,
þat þer wes buten mete scarp hunger and hete,
ne heom no heore horsen hælp nefde nenne,
f. 119va and þus cleopede Colgrim to þan kaisere: 2630
'Sæie me, lauerd Childric, soðere worden,
for whulches cunnes þinge ligge we þus here?
Whi nulle we ut faren and bonnien ure ferden
and biginnen fehtes wið Arður and wið his cnihtes?
For betere us is on londe mid monscipe to liggen 2635

2615 ærmðe] ærnðe

þene we þus here for hungere towurðen.
Iswencheð us sære folke to scare.
Oðer we sendeð wið and wið and ȝeornen Arðures grið
and bidden þus his milce and ȝisles him bitechen
and wurchen freondscipe wið þan freo kinge.' 2640
Þis iherde Childric, þer he læi wiðinne dic,
and he andswarede wið ærmliche stefene:
'Ȝif hit wulle Baldulf, þe is þin aȝe broðer,
and ma of ure iferen, þe mid us sunden here,
þat we bidden Arðures grið and sahtnesse him wurchen wið,
after æuwer wille don ich hit wulle. 2646
For Arður is swiðe hæh mon ihalden on leoden,
leof alle his monnen and of kinewurðe cunne,
al of kingen icume; he wes Vðeres sune.
And of[t] hit ilimpeð, a ueole cunne þeoden, 2650
þer gode cnihtes cumeð to sturne fihte, f. 119vb
þat heo ærest biȝiteð, after heo hit leoseð,
and al swa us toȝere is ilumpen here,
and æft us bet ilimpeð ȝif we moten liuien.'
Sone forðrihtes andswareden þa cnihtes: 2655
'Alle us biluuieð þisne ræd, for þu hafest wel isæid.'
Heo nomen twælf cnihtes and senden forðrihtes
þer he wes on telde bi þas wudes ende.
Þe an cleopeden anan mid quickere stefne:
'Lauerd Arður, þi grið! We wolden speken þe wið. 2660
Hider þe kaisere us sent, Childric ihaten,
and Colgrim and Baldulf, beien tosomne.
Nu and æueremare heo biddeð þine ære.
Þine men heo wulleð bicumen and þine monscipe hæȝen,
and heo wulleð ȝiuen þe ȝisles inowe 2665
and halden þe for lauerd, swa þe beoð alre leofest,
ȝif heo moten liðe heonene mid liue
into heore leoden and lað-spæl bringen.
For her we habbeoð ifunden feole cunne sorȝen,
at Lincolne bilæued leofe ure mæies; 2670

2653 ilumpen] ilimpen

sixti þusend monnen þa þer beoð ofslæȝene.
f. 120a And ȝif hit þe weore wille an heorte
þat we mosten ouer sæ winden mid seile,
nulle we naueremare æft cumen here,
for her we habbeoð forloren leoue ure mæies. 2675
Swa longe swa bið æuere, her ne cume we næuere.'
Þa loh Arður, ludere stefene:
'Iþonked wurðe Drihtene, þe alle domes waldeð,
þat Childric þe stronge is sad of mine londe!
Mi lond he hafeð todæled al his duȝeðe-cnihtes; 2680
me seoluen he þohte driuen ut of mire leoden,
halden me for hæne and habben mine riche,
and mi cun al foruaren, mi uolc al fordemed.
Ah of him bið iwurðen swa bið of þan voxe,
þenne he bið baldest ufenan þan walde 2685
and hafeð his fulle ploȝe and fuȝeles inoȝe;
for wildscipe climbið and cluden isecheð,
i þan wilderne holȝes him wurcheð.
Faren whaswa auere fare, naueð he næuere nænne kare;
he weneð to beon of duȝeðe, baldest alre deoren. 2690
Þenne siȝeð him to segges vnder beorȝen
f. 120b mid hornen, mid hunden, mid haȝere stefenen.
Hunten þar talieð; hundes þer galieð;
þene vox driueð ȝeond dales and ȝeond dunes;
he ulih to þan holme and his hol isecheð; 2695
i þan uirste ænde i þan holle wendeð.
Þenne is þe balde uox blissen al bideled,
and mon him todelueð on ælchere heluen;
þenne beoð þer forcuðest deoren alre pruttest.
Swa wes Childriche, þan strongen and þan riche; 2700
he þohten al mi kinelond setten an his aȝere hond;
ah nu ich habbe hine idriuen to þan bare dæðe,
whæðerswa ich wulle don, oðer slæn oðer ahon.
Nu ich wulle ȝifen him grið and leten hine me specken wið;
nulle ich hine slæ no ahon ah his bode ich wulle fon. 2705

2683 fordemen] fordemed 2701 setten] sentten

ȝisles ich wulle habben of hæxten his monnen,
hors and heore wepnen, ær heo heonne wenden,
and swa heo scullen wræcchen to heoren scipen liðen,
sæilien ouer sæ to sele heore londe,
and þer wirðliche wunien on riche 2710
and tellen tidende of Arðure kinge,
hu ich heom habbe ifreoied for mines fader saule,
and for mine freodome ifrouered þa wræcchen.' f. 120va
Her wes Arður þe king aðelen bidæled;
nes þer nan swa rehȝ mon þe him durste ræden. 2715
Þet him ofþuhte sære sone þerafter.
Childric com of comela to Arðure þan kinge,
and he his mon þer bicom mid his cnihten alle.
Feouwer and twenti ȝisles Childric þer bitæhte;
alle heo weoren icorene and hæhȝe men iborenne. 2720
Heo bitahten heore hors and heore burnen,
scaftes and sceldes and longe heore sweordes;
al heo bilæfden þat heo þer hæfden.
Forð heo gunnen siȝen þat heo to sæ comen,
þer heore scipen gode bi þere sæ stoden. 2725
Wind stod on wille, weder swiðe murie;
he scufen from þan stronde scipen grete and longe;
þat lond heo al bilæfden and liðen after vðen,
þat nænne siht of londe iseon heo ne mahten.
Þat water wes stille, after heore iwille; 2730
heo letten tosomne sæiles gliden,
bord wið borden; beornes þer spileden,
sæiden þat heo wolden eft to þissen londe f. 120vb
and wreken wurðliche heore wine-mæies
and westen Arðures lond and leoden aquellen 2735
and castles biwinnen and wilgomen wurchen.
Swa heo liðen after sæ efne al swa longe
þat heo commen bitwiȝe Ænglelonde and Normandie.
Heo wenden heore lofes and liðen toward londe
þat heo comen ful iwis to Dertemuðe at Totteneis; 2740
mid muchelere blisse heo buȝen to þan londe.

Sone swa heo a lond comen, þat folc heo asloȝen;
þa cheorles heo uloȝen þa tileden þa eorðen;
heo hengen þa cnihtes þa biwusten þa londes;
alle þa gode wiues heo stikeden mid cnifes; 2745
alle þa maidene heo mid morðe aqualden;
and þaie ilærede men heo læiden on gleden;
alle þa heorede-cnauen mid clibben heo aqualden;
heo velleden þa castles; þat lond heo awæsten;
þa chirechen heo forbarnden—baluw wes on folke! 2750
Þa sukende children heo adrenten inne wateren;
þat orf þat heo nomen al heo slo3en,
f. 121a to heore inne ladden and suden and bradden;
al heo hit nomen þat heo neh comen.
Alle dæi heo sungen of Arðure þan kinge 2755
and sæiden þat heo haueden hames biwunnen;
þæ scolden heom ihalden in heore onwalden
and þer heo wolden wunien, wintres and sumeres,
and ȝif Arður weoren swa kene þat he cumen wolde
to fihten wið Childrichen, þan strongen and þan richen, 2760
heo wolden of his rugge makien ane brugge
and nimen þa ban alle of aðele þan kinge
and teien heom togadere mid guldene teȝen
and leggen i þare halle-dure, þer æch mon sculde uorð faren,
to wurðscipe Chil[dri]che, þan strongen and þan riche. 2765
Þis wes al heore gome for Arðures kinges sceome,
ah al hit iwrað on oðer sone þerafter;
heore ȝelp and heore gome ilomp heomseoluen to scame,
and swa deð wel iwære þe mon þe swa ibereð.
Childric þe kaisere biwon al þat he lokede on; 2770
he nom Sumersete and he nom Dorsete,
and al Deuenescire þat volc al forferde,
f. 121b and he Wiltunscire mid wiðere igrætte;
he nom alle þa londes into þære sæ-stronde.
Þa æt þan laste þa lette heo blawen 2775
hornes and bemen and bonnien his ferden,

and forð he wolde buȝen and Baðen al biliggen,
and æc Bristouwe abuten birouwen.
Þis was heore ibeot, ær heo to Baðe comen.
To Baðe com þe kæisere and bilæi þene castel þere, 2780
and þa men wiðinnen ohtliche agunnen
stepen uppen stanene wal, wel iwepned oueral,
and wereden þa riche wið þan stronge Childriche.
Þer lai þe kaisere and Colgrim his iuere
and Baldulf his broðer and moni anoðer. 2785
Arður wes bi norðe and noht herof nuste;
ferde ȝeond al Scotlond and sette hit an his aȝere hond,
Orcaneie and Galeweie, Man and Mureue,
and alle þa londes þe þerto læien.
Arður hit wende to iwislichen þinge 2790
þat Childric iliðen weore to his aȝene londe
and þat he naueremære nolde cumen here.
Þa comen þa tidende to Arthure kinge
þat Childric þa kæisere icumen wes to londen
and i þan suð ende sorȝen þer worhten, 2795 f. 121^v^a
þa Arður seide, aðelest kingen:
'Walawa! walawa! þat ich sparede mine iua,
þat ich nauede on holte mid hungere hine ad[r]efed,
oðer mid sweorde al hine toswu[n]gen!
Nu he me ȝilt mede for mire god dede, 2800
ah, swa me hælpen Drihten, þæ scop þæs dæies lihten,
þerfore he scal ibiden bitterest alre baluwen,
harde gomenes; his bone ich wulle iwurðen.
Colgrim and Baldulf beiene ich wulle aquellen,
and al heore duȝeðe dæð scal iðolien. 2805
Ȝif hit wule ivnnen Waldende Hæfnen,
ich wulle wurðliche wreken alle his wiðer deden,
ȝif me mot ilasten þat lif a mire breosten,
and hit wulle me iunne þat iscop mone and sunne,
ne scal nauere Childric æft me bicharren.' 2810
Nu cleopede Arður, aðelest kingen:
'Whar beo ȝe, mine cnihtes, ohte men and wiðte?

To horse, to horse, haleðes gode!
And we sculleð buȝen touward Baðe swiðe.
Leteð up fusen heȝe forken 2815
f. 121ᵛb and bringeð her þa ȝæsles biforen ure cnihtes,
and heo scullen hongien on hæȝe treowen.'
Þer he lette fordon feouwer and twe[n]ti childerren
Alemainisce men of swiðe heȝe cunnen.
Þa comen tidende to Arðure þan kinge 2820
þat seoc wes Howel his mæi—þerfore he wes sari—
i Clud ligginde; and þer he hine bilæfde.
Hiȝenliche swiðe forð he gon liðe,
þat he bihalues Baðe beh to ane uelde;
þer he alihte and his cnihtes alle, 2825
and on mid heore burnen beornes sturne,
and he a fif dæle dælde his ferde.
Þa he hafde al iset and al hit isemed,
þa dude he on his burne ibroide of stele,
þe makede on aluisc smið mid aðelen his crafte; 2830
he wes ihaten Wygar, þe Witeȝe wurhte.
His sconken he helede mid hosen of stele.
Calibeorne his sweord he sweinde bi his side;
hit wes iworht in Aualun mid wiȝelefulle craften.
Halm he set on hafde, hæh of stele; 2835
þeron wes moni ȝim-ston, al mid golde bigon;
he wes Vðeres þas aðelen kinges;
he wes ihaten Goswhit, ælchen oðere vnilic.
f. 122a He heng an his sweore ænne sceld deore;
his nome wes on Bruttisc Pridwen ihaten; 2840
þer wes innen igrauen mid rede golde stauen
an onlicnes deore of Drihtenes moder.
His spere he nom an honde, þa Ron wes ihaten.
Þa he hafden al his iweden, þa leop he on his steden.
Þa he mihte bihalden, þa bihalues stoden, 2845
þene uæireste cniht þe verde scolde leden;
ne isæh næuere na man selere cniht nenne

2813 haleðes] he haleðes

þene him wes Arður, aðelest cunnes.
Þa cleopede Arður ludere stæfne:
'Lou! war her biforen us heðene hundes, 2850
þe sloȝen ure alderen mid luðere heore craften,
and heo us beoð on londe læðest alre þinge.
Nu fusen we hom to and stærcliche heom leggen on,
and wræken wunderliche ure cun and ure riche,
and wreken þene muchele scome þat heo us iscend habbeoð,
þat heo ouer vðen comen to Dertemuðen. 2856
And alle heo beoð forsworene and alle heo beoð forlorene;
heo beoð fordemed alle mid Drihtenes fulste.
Fuse we nu forðward, uaste tosomne,
æfne al swa softe swa we nan ufel ne þohten, 2860 f. 122b
and þenne we heom cumeð to miseolf ic wullen onfon;
an alre freomeste þat fiht ich wulle biginnen.
Nu we scullen riden and ouer lond gliden,
and na man bi his liue lude ne wurchen,
ah faren fæstliche. Drihten us fulsten!' 2865
Þa riden agon Arður þe riche mon;
beh ouer wælde and Baðe wolde isechen.
Þa tidende com to Childriche, þan strongen and þan richen,
þat Arður mid ferde com, al ȝaru to fihte.
Childric and his ohte men leopen heom to horsen; 2870
igripen heore wepnen; heo wusten heom ifæied.
Þis isæh Arður, aðelest kinge;
isæh he ænne hæðene eorl hælden him toȝeines
mid seouen hundred cnihten, al ȝærewe to fihten.
Þe orl himseolf ferde biforen al his genge, 2875
and Arður himseolf arnde biuoren al his ferde.
Arður þe ræie Ron nom an honde;
he stræhte scaft stærcne, stiðimoden king;
his hors he lette irnen, þat þa eorðe dunede.
Sceld he braid on breosten—þe king wes abolȝen; 2880 f. 122va
he smat Borel þene eorl þurhut þa breosten,
þat þæ heorte tochan, and þe king cleopede anan:

2862 biginnen] bigunnen

'Þe formeste is fæie. Nu fulsten us Drihte
and þa hefenliche quene þa Drihten akende!'
Þa cleopede Arður, aðelest kinge: 2885
'Nu heom to! Nu heom to! Þat formest is wel idon!'
Bruttes hom leiden on, swa me scal a luðere don;
heo bittere swipen ȝefuen mid axes and mid sweordes.
Þer feolle Cheldriches men fulle twa þusend,
swa neuere Arður ne les næuere ænne of his. 2890
Þer weoren Sæxisce men folken alre ærmest
and þa Alemainisce men ȝeomerest alre leoden.
Arður mid his sweorde fæiescipe wurhte;
al þat he smat to hit wes sone fordon.
Al wæs þe king abolȝen, swa bið þe wilde bar 2895
þenne he i þan mæste monie [swin] imeteð.
Þis isæh Childric and gon him to charren
and beh him ouer Auene to burȝen himseoluen,
and Arður him læc to, swa hit a liun weoren,
f. 122vb and fusde heom to flode; monie þer weoren fæie; 2900
þer sunken to þan grunde fif and twenti hundred;
þa al wes Auene stram mid stele ibrugged.
Cheldric ouer þat wate[r] flæh mid fiftene hundred cnihten,
þohte forð siðen and ouer sæ liðen.
Arður isæh Colgrim climben to munten, 2905
buȝen to þan hulle þa ouer Baðen stondeð,
and Baldulf beh him after mid seoue þusend cnihtes;
heo þohten i þan hulle hæhliche atstonden,
weorien heom mid wepnen and Arður awæmmen.
Þa isæh Arður, aðelest kingen, 2910
whar Colgrim atstod and æc stal wrohte,
þa clupede þe king kenliche lude:
'Balde mine þeines, buhȝeð to þan hulles!
For ȝerstendæi wes Colgrim monnen alre kenest;
nu him is al swa þere gat þer he þene hul wat, 2915
hæh uppen hulle fehteð mid hornen,
þenne comeð þe wlf wilde touward hire winden.
Þeh þe wulf beon ane, buten ælc imane,

and þer weoren in ane loken fif hundred gaten,
þe wulf heom to iwiteð and alle heom abiteð. 2920
Swa ich wulle nu todæi Colgrim al fordemen. f. 123a
Ich am wulf and he is gat; þe gume scal beon fæie.'
Þa ȝet cleopede Arður, aðelest kingen:
'Ȝurstendæi wes Baldulf cnihten alre baldest;
nu he stant on hulle and Auene bihaldeð; 2925
hu ligeð i þan stræme stelene fisces,
mid sweorde bigeorede. Heore sund is awemmed;
heore scalen wleoteð swulc gold-faȝe sceldes;
þer fleoteð heore spiten, swulc hit spæren weoren.
Þis beoð seolcuðe þing isiȝen to þissen londe: 2930
swulche deor an hulle, swulche fisces in wælle.
Ȝurstendæi wes þe kaisere kenest alre kingen;
nu he is bicumen hunte and hornes him fulieð;
flihð ouer bradne wæld; beorkeð his hundes;
he hafeð bihalues Baðen his huntinge bilæfued; 2935
freom his deore he flicð, and we hit scullen fallen
and his balde ibeot to nohte ibringen,
and swa we scullen bruken rihte biȝæten.'
Efne þan worde þa þe king seide,
he bræid hæȝe his sceld forn to his breosten; 2940 f. 123b
he igrap his spere longe; his hors he gon spurie.
Neh al swa swi[ðe] swa þe fuȝel fliȝeð,
fuleden þan kinge fif and twenti þusend
wihtere monnen, wode under wepnen;
hælden to hulle mid hæhȝere strengðe 2945
and uppen Colgrime smiten mid swiðe smærte biten,
and Colgrim heom þer hente and feolde þa Bruttes to grunde
i þan uormeste ræse, fulle fif hundred.
Þat isæh Arður, aðelest kingen,
and wrað him iwræððed wunder ane swiðe, 2950
and þus cleopien agon Arður, þe hæhȝe man:
'War beo ȝe, Bruttes, balde mine beornes?
Her stondeð us biuoren vre ifan alle icoren.

2923 cleopede] cheopede 2944 wihtere] whitere 2950 him] hī him

Gumen mine gode, legge we heom to grunde!'
Arður igrap his sweord riht and he smat ænne Sexise cniht,
þat þat sweord þat wes swa god æt þan toþen atstod, 2956
and he smat enne oðer, þat wes þas cnihtes broðer,
þat his halm and his hæfd halden to grunde;
þene þridde dunt he sone ȝaf and enne cniht atwa clæf.
f. 123ᵛa Þa weoren Bruttes swiðe ibalded 2960
and leiden o þan Sæxen læȝen swi[ðe] stronge
mid heore speren longe and mid sweoreden swiðe stronge.
Sexes þer uullen and fæie-sih makeden;
bi hundred, bi hundred hælden to þan grunde;
bi þusund and bi þusend þer feollen æuere in þene grund.
Þa iseh Colgrim wær Arður com touward him; 2966
ne mihte Colgrim for þan wæle fleon a nare side.
Þer fæht Baldulf bisiden his broðer.
Þa cleopede Arður, ludere stefne:
'Her ich cume, Colgrim! To cuððen wit scullen ræchen;
nu wit scullen þis lond dalen, swa þe bið alre laððest.' 2971
Æfne þan worde, þa þe king sæide,
his brode swærd he up ahof and hærdliche adun sloh
and smat Colgrimes hælm, þat he amidde toclæf,
and þere burne hod, þat hit at þe breoste atstod. 2975
And he sweinde touward Baldulfe mid his swiðren honde
and swipte þat hæfued of forð mid þan helme.
Þa loh Arður, þe aðele king,
and þus ȝeddien agon mid gomenfulle worden:
f. 123ᵛb 'Lien nu þere, Colgrim! Þu were iclumben haȝe; 2980
and Baldulf þi broðer lið bi þire side.
Nu ich al þis kinelond sette an eower ahȝere hond,
dales and dunes and al mi drihtliche uolc.
Þu clumbe a þissen hulle wunder ane hæȝe,
swulc þu woldest to hæuene; nu þu scalt to hælle, 2985
þer þu miht kenne muche of þine cunne.
And gret þu þer Hengest, þe cnihten wes faȝerest,
Ebissa and Ossa, Octa and of þine cunne ma,

2977 of] oft 2978 aðele] alðele 2982 eower] eorwer

and bide heom þer wunie wintres and sumeres,
and we scullen on londe libben in blisse, 2990
bidden for eower saulen þat sel ne wurðen heom nauære;
and scullen her æuwer ban biside Baðe ligen.'
Arður þe king cleopede Cador þene kene—
of Cornwale he wes eorl; þe cniht wes swiðe kene:
'Hercne me, Cador! Þu ært min aȝe cun. 2995
Nu is Childric iuloȝen and awæiward itohȝen;
he þencheð mid isunde aȝen cumen liðen.
Ah nim of mire uerde fif þusend monnen,
and fareð forðrihtes bi dæie and bi nihte
þat þu cume to þare sæ biforen Childriche, 3000
and al þat þu miht biwinnen bruc hit on wunnen!
And ȝif þu miht þene kaisere ufele aquellen þere, f. 124a
ich þe ȝifue to mede al Doresete.'
Alswa þe aðele king þas word hafede isæid,
Cador sprong to horse, swa spærc him doh of fure; 3005
fulle seoue þusend fuleden þan eorle.
Cador þe kene and muchel of his cunne
wenden ouer woldes and ouer wildernes,
ouer dales and ouer dunes, ouer deope wateres.
Cador cuðe þene wæi þe toward his cunde læi. 3010
An oueste he wende fuliwis riht toward Toteneis;
dæies and nihtes he com þere forðrihtes,
swa neuere Childric nuste of his cume nane custe.
Cador com to cuððe biuoren Childriche,
And lette him fusen biforen al þas londes folc, 3015
cheorles ful ȝepe, mid clubben swiðe græte,
mid spæren and mid græte waȝen, to þan ane icoren,
and duden heom alle clane into þan scipen grunde,
and hæhte heom þere lutie wel, þat Childric of heom neore war,
and þenne his folc come and in wolden climben, 3020
heore botten igripen and ohtliche on smiten,
mid heore waȝen and mid heore speren murðren Childriches
heren. f. 124b
Al duden þa cheorles swa Cador heom tæhte.

To þan scipen wenden wiðerfulle cheorles,
in æuerælche scipe oðer half hundred, 3025
and Cador þe kene bæh in toward ane wude hæh,
fif mile from þan stude þær stoden þa scipen,
and hudde hine on wille wunder ane stille.
Childric com sone ouer wald liðen;
walde to þan scipen fleon and fusen of londen. 3030
Sone swa Cador isæh, þat wes þe kene eorl,
þat Childric wes an eorðen bitweonen him and þan cheorlen,
þa clupede Cador ludere stefne:
'Wær beo ȝe cnihtes, ohte men and wihte?
Iþencheð what Arður, þe is ure aðele king, 3035
at Baðen us bisohte, ær we wenden from hirede.
Leou! war fuseð Childric and fleon wule of londe
and þencheð to Alemaine, þer beoð his ældren,
and wule biȝiten ferde and æft cumen hidere
and wule faren hider in and þencheð awræken Colgrim 3040
and Baldulf his broðer, þæ bi Baðen resteð.
Ah no abide he næuere þære dæȝen ne scal he no ȝif we
maȝen.'
f. 124ᵛa Æfne þere spæche þa spac þe eorl riche,
and on uest he gon riden þe reh wes on moden;
halden ut of wude-scaȝe scalkes swiðe kene 3045
and after Cheldriche þan strongen and þan richen.
Cheldriches cnihtes bisehȝen heom baften;
isehȝen ouer wolden winden heore-mærken,
winnen ouer ueldes fif þusend sceldes.
Þa iwærð Childric cærful an heorten, 3050
and þas word sæide þe riche kaisere:
'Þis is Arður þe king, þe alle us wule aquellen.
Fleo we nu biliue and into scipen fusen
and liðen forð mid watere, ne recchen we nauere wudere!'
Þa Childric þe kaisere þas word hæuede isæid, 3055
þa gon he to fleonne feondliche swiðe,
and Cador þe kene com him after sone.

3030 fleon] sleon 3049 winnen] winnien 3050 cærful] chærful

Childric and his cnihtes to scipe comen forðrihtes;
heo wenden þa scipen stronge to scuuen from þan londe.
Þæ cheorles mid heore botten weoren þer wiðinnen. 3060
Þa botten heo up heouen and adunriht sloȝen;
þer wes sone islaȝen moni cniht mid heore wahȝen;
wið heore picforcken heo ualden heom to grunden; f. 124vb
Cador and his cnihtes sloȝen heom baften.
Þa isah Childric þat heom ilomp liðerlic; 3065
þa al his folc mucle feol to þan grunde.
Nu isæh he þer bihalues ænne swiðe mare hul;
þat water tið þerunder þat Teine is ihaten,
þa hulle ihaten Teinnewic; þiderward flæh Childric,
swa swiðe swa he mihte mid feouwer and twenti cnihten.
Þa isæh Cador hu hit þa uerde þer 3071
þat þe kaisere flæh and touwarde þæ hulle tæh,
and Cador him after, swa swiðe swa he mahte,
and him to tuhte and hine oftoc sone,
þa saide Cador, þe eorl swiðe kene: 3075
'Abid, abid, Childric! Ich wulle þe ȝefen Teinewic.'
Cador his sweord anhof and he Childric ofsloh.
Monie þe þer fluȝen to þan watere heo tuhȝen;
inne Teine þan watere þer heo forwurðen.
Al Cador a[c]wælde þat he quic funde, 3080
and summe heo crupen into þan wude, and alle he heom þer fordude.
Þa Cador heom haueden alle ouercumen, and æc al þat lond inumen,
he sette grit swiðe god þat þerafter longe stod; f. 125a
þeh ælc mon beere an honde behȝes of golde,
ne durste nauere gume nan oðerne ufele igreten. 3085
Arður wes forð iwende into Scotlonden,
for Howel lai inne Clud, faste biclused.
Hafden Scottes hine bilæien mid luðere heore craften,
and ȝif Arður neore þe raðer icumen, þenne weoren Houwel inumen

3059 scuuen] sculuen 3067 bihalues] bilalues

and al his folc þer islaȝen and idon of lif-daȝen. 3090
Ah Arður com sone mid selere strengðe
and Scottes to fleonne feor of þan ærde
into Muræiue mid mucle mon-weorede.
And Cador com to Scotlonde, þer he Arður ifunde.
Arður and Cador into Clud ferden 3095
and funden þer Howel, mid hahȝere blisse an sel,
of his seocnesse isund wes iwurðen;
muchel wes þa blisse þæ þa wes in burȝe!
Scottes weoren inne Mureiue and þer þeohten wunien
and mid bolde heore worden heore beot makeden 3100
and sæiden þat heo wolden þa riche walden
and Arður þer abiden mid baldere strenðe,
for ne durste nauere Arður for his life come þer.
f. 125b Þa iherde Arður, ærhðen bidæled,
whæt Scottes hafden isæid mid heore hux-worden, 3105
þa sæide Arður, aðelest kingen:
'Whær ært þu, Howel, hæhst of mine cunne,
and Cador þe kene, ut of Cornwæle?
Leteð blæwen bemen and bonnien ure ferden
and to þere midnihte we sculleð faren forðriht 3110
toward Mureiue, ure monscipe to bitellen.
Ȝif hit wule Drihte, þe scop þæs daȝes lihten,
we heom sculle tellen sorhfulle spelles,
heore ȝælp fellen and heomseolue aquellen.'
To þere midnihte Arður aras forðriht; 3115
hornes me gon blawen mid hahȝere stafnen;
cnihtes gunnen arisen and ræhȝe word speken.
Mid muche mon-weorede into Mureiue
forð gunnen wræsten þreottene þusend
a feormeste flocke, feondliche kene men. 3120
Seoððen com Cador, þe eorl of Cornwæille,
mid seouentene þusen selere þeinen.
Seoððen com Heowel mid his kempen swiðe wel,
mid an and twenti þusen, mid aðelere kempen.
Seoððen com Arður, aðelest kingen, 3125

mid seouen and twenti þusend siȝen heom afterward. f. 125ᵛa
Sceldes þer cliseden; lihten hit gon dæȝen.
Þat word com to Scotten, þær þar heo wuneden,
hu Arður þe king com touward heore londe
feondliche swiðe mid vnimete folke. 3130
Þa weoren ærhest þat ær weoren baldest
and gunnen to fleonnen feondliche swiðe
into þan watere, þer wunderes beoð inoȝe.
Þat is a seolcuð mere, iset a middelærde,
mid fenne and mid ræode, mid watere swiðe bræde, 3135
mid fiscen and mid feoȝelen, mid uniuele þingen.
Þat water is unimete brade; nikeres þer baðieð inne;
þer is æluene ploȝe in atteliche pole.
Sixti æitlondes beoð i þan watere longe;
in ælc of þan æitlonde is a clude hæh and strong, 3140
þer næstieð arnes and oðere græte uoȝeles.
Þe ærnes habbeoð ane laȝe bi æuerælches kinges dahȝen:
whænne swa æi ferde fundeð to þan ærde,
þeonne fleoð þa fuȝeles feor i þan lufte,
moni hundred þusen, and muchel feoht makieð. 3145
Þenne is þat folc buten wene þat reouðe heom is to cumene
of summes cunnes leoden, þe þat lond wulleð isechen. f. 125ᵛb
Tweien dæȝes oðer þreo þus scal þis taken beo,
ær unkuðe men to þan londe liðen.
Ȝet þer is sellic to suggen of þan watere: 3150
þer walleð of þan mæren a moniare siden
of dalen and of dunen and of bæchen deopen
sixti wateres, alle þer isomned,
swa neuere ut of þan mære na man no uindeð
þat þer ut wenden buten an an ænde 3155
an imetliche broc, þe of þan mere ualleð
and swiðe isemeliche into sæ wendeð.
Þa Scottes weoren todeled mid muclen vniselen
ȝeond þa monie munten þa i þan watere weoren.
Arður biseohte scipen and gon heom to wenden 3160

3140 is] ig

and sloh þer vniuoȝe moni and inoȝe,
and moni þusend þer wes dæd, for heom trukede ælc bræd.
Arður þe aðele wes an æst side;
Howel þe sele wes a suð halue;
and Cador þe kene bi norðen heom biwusten, 3165
and his smale uolc he setten alle bi weste siden.
Þa weoren Scottes ihalden for sottes,
f. 126a þer heo leien ȝeond þa cliues, faste biclused,
þer weoren sixti þusend mid sorreȝe forfarene.
Þa wes Irlondes king icumen into hafene, 3170
twalf milen from Arðure, þer he lai mid ferde,
Scotten to hælpen, Howel to forfarene.
Þis iherden Arður, aðelest kinge,
and nom his ane ferde and þiderward fusden
and funde þene king Gillomar, þe icumen wes to londe þar.
Arður him faht wið and nolde him ȝiuen na grið 3176
and feolde Irisce men feondliche to grunden.
And Gillomar mid twalf scipen teh from þan londe
and ferde to Irlonde mid harme swiðe stronge.
And Arður a þan londe sloh al þat he uunde 3180
and seoððen he wende to þan mere, þer he his mæi lette,
Howel þene hende, hahst of Brutlonde,
wiðuten Arðure, aðelest kingen.
Arður Howel uunde þer he wes bi hauene,
bi þan mere brade þer he abiden hafde. 3185
Þa fainede swiðe folc an hirede
of Arðures cume and of aðele his dede;
þer wes Arður forðriht twei dæies and twa niht.
f. 126b Scottes leie ȝeond clude, moni þusend dede,
mid hungere foruarene, folkene alre ærmest. 3190
I þan þridde dæiȝe faire hit gon daȝiȝen;
þa tuȝen touward hirede alle þat weoren ihadded
and þreo biscopes wise, a boke wel ilæred,
preostes and munekes vnimete monie;

3164 halue] halme 3168 leien] leieien 3173 Þis] Þer
3177 grunden] g"den 3194 munekes] mucnekes

canones þer comen, monie and wel idone, 3195
mid alle þan halidomen þa hahst an londe weoren,
and ȝeornden Arðures grið and his aðmeden.
Þider þa wifes comen þa i þan londen wuneden;
heo wæiden in hære ærmen heore children ærmen;
heo weopen on Arðure wunder ane swiðe 3200
and heore uæx fæire wælden to volde;
curuen heore lockes and þer niðer læiden
to þas kinges foten biforen al his duȝeðen,
nailes to heore nebbe þat æfter hit bledde.
Neh þan alle clæne nakede heo weoren; 3205
sorhliche heo gunnen clupien to Arðure þan kinge
and summe þus iseiden, þer heo on sið weoren:
'King, we beoð on ærde ærmest alre uolke. f. 126ᵛa
We ȝeorneð þine milzce þurh þæne milde Godd.
Þu hauest a þisse londe ure leoden aslæȝen, 3210
mid hungere and mid hete, mid feole cunne hærmen,
mid wapnen, mid wæteren, mid feole wansiðen,
vre children imaked faderlese and frofre bidæled.
Þu ært Cristine mon, and we alswa sunden;
Sæxisce men beoð hæðe[ne] hundes. 3215
Heo comen to þisse londe and þis folc here aqualden.
Ȝif we heom hereden, þat was for ure hermen,
for we nefden nænne mon þe us wið heom mihten griðien.
Heo us duden swiðe wa, and þu us dest al swa;
þa heðene us hatieð, and þe Cristine us sari makieð. 3220
Wær scullen we bicumen?' queðen þa wif to þan kinge.
'Aȝef us ȝet þa quicke men þa liggeð ȝeond þas cluden,
and ȝif þu ȝiuest milze þisse moncunnen,
þi monscipe bið þa mare nu and æueremære.
Lauer[d] Arður, ure king, leoðe vre benden! 3225
Þu hafust al þis lond inomen and al þis folc ouercumen; f. 126ᵛb
we beoð under uote; a þe is al þa bote.'
Þis iherde Arður, aðelest kingen,
þesne wop and þesne rop and reouðen vniuoȝe.

3207 summe] summed

Þa toc he to ræde and reosede on heorte; 3230
he uunde on his ræde to don þat heo hine beden;
he ȝæf heom lif, he ȝef heom lumen and heore lond to halden.
He lette blæwen bemen and þa Scottes bæcnien,
and heo ut of cluden to þan scipen comen;
an auerælchen siden siȝen touwar[d] londe. 3235
Heo weoren swiðe iharmede mid scærpen þan hungre.
Aðes heo sworen swiken þat nalden,
and heo þa iȝefuen ȝisles þan kingen,
and alle ful sone þas kinges men bicomen,
and seoððen heo gunnen fusen; þat folc þer todelden, 3240
ælc mon to þan ende þer he wes wuniende,
and Arður þer grið sette, god mid þan bezste.
'Whær ært þu, Howel, mi mæi, monne me leofest?
Isixst þu þisne muchelne mære, þer Scottes beoð amærred?
f. 127a Isihst þu þas hæhȝe treon, and sihst þu þas ærnes teon?
Inne þisse uenne is fisc unimete. 3246
Isihst þu þas æitlondes, þe ȝeond þas watere stondeð?'
Seollic þuhte Howel of swulchere isihðe,
and wondrede wide bi þan watere flode,
and þus þer cleopede Howel, hæhes cunnes: 3250
'Seoððen ich wes mon iboren of mire moder bosme,
no isah ich a none londe þus seolcuðe þinges
swa ich here biuoren me mid æȝenen bihalde.'
Wundreden Bruttes wunder ane swiðe.
Þa cleope[de] Arður, aðelest kingen: 3255
'Howel, min aȝe mæi, monnen me leofest,
lust mire worden of mucle mære wunder,
þat ic þe wulle tellen of soðe mine spellen.
Bi þisse mære enden, þer þis water wendeð,
is an lutel wiht mære, monnen to wundre. 3260
He is endlonge feouwer and sixti munden;
he is imeten a bræde fif and twenti foten;
fif foten he is deop; alfene hine dulfen.
Feower-noked he is, and þerinne is feower kunnes fisc,
and ælc fisc an his ende þer he his cun findeð; 3265

ne mai þer nan to oðere buten alswa tacheð his icunde. f. 127b
Nes næuer nan mon iboren ne of swa wise crafte icoren,
no libbe he swa longe, þe maȝen hit vnderstonde,
what letteð þene fisc to uleoten to þan oðere,
for nis þer noht bitwenen buten water clæne.' 3270
Þa ȝet cleopede Arður, aðelest kingen:
'Howel, i þissen londes ænde, neh þere sæ-stronde,
is a mære swiðe muchel—þat water is unfæle—
and whænne þa sæ vledeð, swulc heo wulle aweden,
and falleð inne þene mære vnimete swiðe, 3275
no bið næuere þæ mere on watere þa mare.
Ah þenne þa sæ falleð in and scen warð þa uolden
and heo bið al inne in alden hire denne,
þenne swelleð þe mære and swærkeð þa vðen;
vðen þer leppeoð ut, vnimete grete, 3280
fleoð ut a þat lond þat leoden agriseð an hond.
Ȝif þer cumeð æi mon þat noht ne cunne þeron
þat seollic to iseonne, bi þere sæ-stronde,
ȝif he his neb wendeð touwærd þan mære,
ne beo he noht swa loh iboren, ful wel he beoð iborȝen; 3285 f. 127va
þat water him glit bisiden and þe mon þer wuneð softe;
after his iwille he wuneð þer uul stille,
þat no bið he for þan watere naðing idracched.'
Þa sæide Howel, hæh mon of Brutten:
'Nu ic ihere tellen seolcuðe spellen, 3290
and seollic is þe Lauerd þat al hit isette.'
Þa cleopede Arður, aðelest kingen:
'Blaweð mine hornes mid hæhȝere stæfne
and suggeð mine cnihtes þat ic fare forðrihte.'
Bemen þer blewen; hornes þer stureden; 3295
blisse wes an hirede mid bisie þan kinge,
for ælc wes ifreoured and ferde toward his ærd,
and þe king forbæd heom, bi heore bare liuen,
þat na mon on worlde swa wod no iwurðe
no swa ærwitte gume þat his grið bræke, 3300

3296 hirede] hiredere

and ȝif hit dude æi mon he sculden dom ðolien.
Æfne þan worde fusde þa uærde.
Þer suggen beornes seolcuðe leoðes
of Arðure þan kinge and of his here-þringen
and sæiden on songe to þisse worlde longe 3305
neo[re] neuere mære swulc king ase Arður þurh alle þing,
f. 127ᵛb king no kæisere in næuere nare kuððe.
Arður forð to Eouuerwic mid folke swiðe seollic
and wunede þer wiken sixe mid muchelere wunne.
Þa burh-walles weoren tobroken and tofallen, 3310
þat Childric al forbarnden and þa hallen alle clæne.
Þa cleopede þe king Piram, ænne preost mæren—
he wes swiðe wis mon and witful on bocken:
'Piram, þu ært min aȝe preost, þe æð þe scal iwurðen.'
Þe king nom ane rode hali and swiðe gode 3315
and [bitok] Piram an hond and þermid swiðe muchel lond,
and þene ærchebiscopes staf þer he Piram aȝaf;
ær wes Piram preost god, nu he is ærchebiscop.
Þa hæhte hine Arður, aðelest kingen,
þat he rærde churechen and þa songes rihten 3320
and Goddes folc biwusten and fæire heom dihten,
and he hæhte alle cnihtes demen rihte domes,
and þa eorðe-tilien teon to heore cræften,
and æuerælcne gume oðerne igræten,
and wulc mon swa wurs dude þene þe king hafde iboden,
he wolde hine ifusen to ane bare walme, 3326
and ȝif hit weore læð mon, he sculde hongie for þon.
f. 128a Þa ȝet cleope[de] Arður, aðelest kingen:
hæhte þat alc mon þe his lond hafde forgan,
mid wulches cunnes wite swa he biwæiued weore, 3330
þat he aȝain come ful raðe and ful sone,
þe riche and þe laȝe, and hefde æft his aȝen,
bute he weore swa fule biwite þat he weore lauerd-swike
oðer touward his lauer[d] manswore, þene þe king demde
forlore.
Þer come þreo ibroðeren, þe weore kiniborne, 3335

Lot and Angel and Vrien, welle hwulche þreo men;
þeos here-þringes þreo comen to þan ki[n]ge
and setten an heore cneowen biforen þan kæisere:
'Hal seo þu, Arður, aðelest kingen,
and þi duȝeðe mid þe! A mote heo wel beo! 3340
We sundeð þreo broðeren iboren of kingen;
is al ure icunde lond igan ut of ure hond,
for habbeoð hæðene men us hene imakede
and iwæst us al Leonæis, Scotlond, and Muræf,
and we biddeð þe for Godes luue þat þu us beo fultume, 3345
and for þire mucle wurðscipe þat þu us wurðe milde. f. 128b
Aȝif us ure icunde lond, and we þe sculleð luuien,
hælden þe for lauer[d] an ælche leod-wisen.'
Þis iherde Arður, aðelest king,
hu þeos þreo cnihtes fæire hine bisohten. 3350
Reousede on heorte, and he reordien gan,
and þas word sæide selest alre kinge:
'Vrien, bicum mi mon! Þu scalt to Muræiue aȝæn.
Þerof þu scalt beon icleoped king of þan londe
and hæh an mine hirede mid þine mon-weorede. 3355
And Angele ich sette an hond al togædere Scotlond,
habbe hit an honde and beon king of þan londe.
From þan fader to þan sune þerof þu scalt mi mon bicumen.
And þu, Lot, mi leofe freond, Godd þe wurðe liðe!
Þu hauest mine suster to wiue, þæ bet þe scal iwurðe. 3360
Ich þe ȝifue Loenæis, þat is a lond faier,
and ich wulle leggen þerto londes swiðe gode,
biside þere Humbre, wurð an hundred punden.
For mi fader Vðer, þe while þe he wes king here,
lufede wel his dohter, þe wes his bæd iþohte, 3365 f. 128va
and heo is mi suster and haueð sunen tweien,
þeo me beoð on londe children alre leofest.'
Þus spæc Arður þe king. Þa wes Walwain lute child:
swa wes þe oðer, Modræd his broðer.
Wale þat Modræd wes ibore! Muchel hærm com þerfore. 3370

3362 leggen] lengen 3369 broðer] broðrer

Arður for to Lundene, and mid him his leoden;
he heold inne londe ane muchele hustinge
and sette alle þa laȝen þat stoden bi his ælderne daȝen,
alle þa laȝen gode þe her ær stoden;
he sette grið, he sette frið, and alle freodomes. 3375
Þenene he for to Cornwale, to Cadores riche;
he funde þer a mæide vnimete fæier.
Wes þas mæidenes moder of Romanisce mannen,
Cadores maȝe, and þat maide him bitahte,
and he heo fæire afeng and softe heo fedde. 3380
Heo wes of heȝe cunne of Romanisce monnen;
f. 128ᵛb næs in nane londe maide nan swa hende,
of speche and of dede and of tuhtle swiðe gode;
heo wes ihaten Wenhauer, wifmonne hendest.
Arður heo nom to wife and luuede heo wunder swiðe; 3385
þis maiden he gon wedde and nom heo to his bedde.
Arður wes i Cornwale al þene winter þere
and al for Wenhæuere lufe, wimmonne him leofuest.
Þa þe winter wes agan and sumer com þer anan,
Arður hine biþohte whæt he don mahte, 3390
þat his folc gode aswunden ne læie þere.
He ferde to Æxchæstræn to þan midfesten
and heold þer his hustinge of hehȝen his folke
and seide þat he wolde into Irlonde,
wenden al þat kinelond to his æhȝere hond. 3395
Buten þe king Gillomar to him raþer come ær
and mid listen him speken wið and ȝirnde Arðures grið,
he wolde westen his lond and luðere him gon an hond,
mid fure, mid stele, streit gomen wurchen,
and þat lond-folc aslæn, þe wolde stonden him aȝein. 3400
f. 129a Æfne þan worde, þa þe king sæide,
þa andswarede þat folc fæire þan kinge:
'Lauerd king, hald þi word! We beoð alle ȝarewe
to ganne and to ride oueral to þire neode.'
Þer wes moni bald Brut þe hafde beres leches; 3405
heouen up heore bruwen, iburst an heore þonke.

Wenden touwarde innen, cnihtes mid heore monnen;
heo ruokeden burnen, bonneden helmes;
heo wipeden hors leoue mid linene claðe;
heo[re] steden heo scoiden—scalkes balde weoren! 3410
Sum scæft horn, sum scaft ban, sum ʒarked stelene flan,
sum makede þwonges gode and swiðe strong;
summe beouweden speren and beonneden sceldes.
Arður letten beoden ʒeond al his kine-þeoden
þat æuerælc god cniht to him come forðriht, 3415
and euerælc oht mon comen forðriht anan;
and waswa bilæfden, his leomen he sculde leosen,
and whaswa come gladliche, he sculden wurðe riche.
Seouen niht uppen Æstre, þa men hafden iuast,
þa comen alle þa cnihtes to scipen forðrihtes; 3420 f. 129b
wind heom stod an honde, þe scaf heom to Irlonde.
Arður a þet lond ferde and þa leoden amerden;
muchel uolc he asloʒ; orf he nom vniuoh;
and æuere he hæhte ælcne mon chireche-grið halden.
Þet tidinde com to þan kinge, þe lauerd wes of þan londe,
þat þer wes icumen Arður and ærmþen iwrohte þer. 3426
He sumnede al his leoden ʒeond his kinelonde,
and his Irisce uolc fusden to fehte
toʒæines Arðure, þan aðele kinge.
Arður and his cnihtes heom wepnede forðrihtes 3430
and foren heom toʒeines, folc vnimete.
Arðures men weoren mid wepnen al biþehte;
þa Irisce men weoren nakede neh þan,
mid speren and mid axen and mid swiðe scærpe sæxen.
Arðures men letten fleon vnimete flan 3435
and merden Irisc folc and hit swiðe ualden,
ne mæhten heo iþolien þurh nanes cunnes þingen,
ah fluʒen awai s[w]iðe, swiðe uæle þusend,
and Gillomar þe king flah and awæwardes teh, f. 129va
and Arður him after and þene king ikahte; 3440
he nom bi þan honde þene king of þan londe.

3410 steden] sceren 3426 icumen] icunen

Arður þe hæȝe herbeorwe isohte;
an his mode him wes þa æðe þat Gillomar him wes swa neh.
Nu dude Arður, aðelest kingen,
swiðe muche freondscipe atforen al his folke; 3445
he lette þene king scrude mid ælchere prude,
and æc bi Arðure sat and æc mid himseolue æt;
mid Arðure he win dronc—þat him wes mucheles unðonc.
Naðeles þa he isah þat Arður wes swiðe glad,
þa cleopede Gillomar—an his horte him wes sær: 3450
'Lauerd Arður, þi grið! Ȝef me leomen and ȝif me lif.
Ich wulle þi mon bicumen and biteche þe mine þreo sunen,
mine sunen deore, to don al þine iwille.
And ȝet ich wulle mare, ȝif þu me wult ȝefen ære:
ich wulle þe bitache ȝisles swiðe rich, 3455
children sume sixti, hæȝe and swiðe mæhti.
Ȝet ich wulle mære, ȝif þu me ȝifuest ære:
f. 129vb ælche ȝere of mine londe seouen þusend punde,
and senden heom to þine londe, and sixti mark of golde.
And ȝet ich wulle mare, ȝif þu wult me ȝifuen are: 3460
alle þa steden, mid alle heore iweden,
þa hæuekes and þa hundes and hehȝe mine mahmes,
ich bitache þe to honde of al mine londe.
And þenne þu hauest þis idon, ich wulle nimen halidom
of Seint Columkille, þe dude Godes iwille, 3465
and Seint Brændenes hæfed, þe Godd seolf haleȝede,
and Seinte Bride riht fot, þe hali is and swiðe god,
and halidomes inoȝe, þe comen ut of Rome,
and swerien þe to soðe swiken þe þat ich nulle,
ah ich þe wulle luuien and halden þe for lauerd, 3470
halden þe for hahne king and miseolf beon þin vnderling.'
Þis iherde Arður, aðelest king,
and he gan lihȝen luddere steftne,
and he gon andswerie mid ædmode worden:
'Bėo nu glad, Gillomar! Ne beo þin heorte noht sær! 3475
For þv ært a wis mon; þa bet þe scal iwurðen,
for æuere me æhte wisne mon wurðliche igreten.

For þine wisdome no scal þe noht þa wurse. f. 129+a
Muchel þu me beodest; þe scal beon þa betere.
Her forðrihtes, biforen al mine cnihtes, 3480
forȝiuen þe ich mare þan al þæ haluendæle
of golde and of gærsume, ah þu scalt mi mon bicumen,
and half þat gauel sende ælche ȝere to mine londe;
halfe þa steden and halfe þa iweden,
halue þa hauekes and halue þa hundes, 3485
þæ þu me beodest ich wulle þe bilefen;
ah ich wulle habben þire hæhre monne children,
þeo heom beoð alre leofuest; ich heom mai þe bet ileouen.
And swa þu scalt wunien in wurðscipe þire
a þine kinedome i þine rihte icunden, 3490
and ic þe wulle ȝeuen to þat ne scal þe king woh don,
buten he hit abugge mid his bare rugge.'
Þeo hit sæide Arður, aðelest kingen.
Þa hafden he an hond al tosomne Irlond,
and þe king his mon bicumen and bitæht him his þreo
seonen. 3495

II. *The Origin of the Roman War*

Þer comen into halle spelles seolcuðe; f. 143ᵛb
þer comen twalf þeines ohte mid palle biþehte,
hæȝe here-kempen, hehȝe men on wepne.
Ælc hafde on heonde grætne ring of golde
and mid æne bende of golde ælc hafde his hæfd biuonge. 3500
Æuer tweie and tweie tuhte tosomne,
ælc mid his honde heold his iuere
and gliden ouer ulore biuoren Arðure,
swa longe þat heo comen biuoren Arðure þan leod-kinge.
Heo grætten Arður anan mid aðelen heore worden: 3505
'Hal seo þu, Arður king, Bruttene deorling,
and hal seo þi duȝeðe and al þi drihtliche uolc!
We sunden twælf cnihtes icumen her forðrihtes,

3481 ich mare þan] amare 3483 mine] mime
3490 kinedome] kinedomei 3492 bare] brare

riche and wel idone; we sundeð of Rome.
f. 144a Hider we sunden icumene from ure kaisere, 3510
Luces is ihaten, þe waldoð Rome-leoden;
he hahte us hider wende to Arðure þan kinge
and þe hat græten mid his grim worden
and sæið þat he awundred is wunder ane swiðe
whar þu þat mod nime a þisse middenerde 3515
þat þu derst of Rome wiðsuggen æi dome
oðer hebben up þin eȝen aȝein ure ældren,
and wha hit þe durre ræden þat þu swa reh ært iwurðen
þat þu þrattien darst domes walden,
Luces þene kaisere, hexst of quicke monnen. 3520
Þu haldest al þi kinelond a þire aȝere hond
and nult noht þene kaisere of londe ihere,
of þan ilke londe þe Julius hafde an honde,
þa inne iuure daȝæn biwon hit mid fehten,
and þu hit hauest atholde a þire anwolde; 3525
mid balden þine cnihten binimest us ure irihten.
Ah sæi us, Arður, sone and word send to Rome!
We sculleð bere þin ærde to Luces ure kaisere,
ȝif þu wult icnawen þat he is king ouer þe
f. 144b and þu his mon bicumen wulle and hine for lauerd icnawen
and don riht þan kaisere of Frolle þan kinge, 3531
þat þu mid woȝe at Paris asloȝe
and nu haldest al his lond mid unrihte a þire hond.
Ȝif þu i þissen twælf wiken temest to þan rihten
and þu wult of Rome þolien æi dome, 3535
þenne miht þu libben imong þine leoden,
and ȝif þu swa nult don, þu scalt wursen vnderfon;
þe kaisere wule her cumen swa king scal to his aȝen,
king swiðe kene, and nimen þe mid strengðe,
ibunden þe lede biuoren Rom-leoden; 3540
þenne most þu þolien þat þu ærst forhoȝedest.'
Æfne þisse worden Bruttes buȝen from borden;
þer wes Arðures hird hehliche awraððed
and muchene að sworen uppen mære ure Drihten

þat alle heo dede weoren þa þeos arunde beden, 3545
mid horsen al todraȝene; dæð heo sculden þolie.
Þer heo buȝen to, Bruttes swiðe wraðe;
luken heom bi uaxe and laiden heom to grunde.
Þer weoren men Romanisce reouliche atoȝene,
ȝif Arður ne leope to, swulc hit a liun weore, 3550 f. 144va
and þas word seide wisest alre Brutten:
'Bilæueð, bilaueð swiðe þas cnihtes on liue!
Ne sceollen heo on mine hirede nenne harm þolien.
Heo beoð hider iriden ut of Rom-leoden,
swa heore lauerd heom hehte, Luces is ihaten. 3555
Ælc mon mot liðen þer his lauerd hine hateð gan.
Nah na man demen erendesmon to dæðen,
bute he weoren swa ufele biwiten þet he weore lauerd-swike.
Ah sitteð adun stille, cnihtes inne halle,
and ich me biræde wulle of swulchere neode 3560
wulc word heo scullen aȝen beren to Luces þan kaiseren.'
Þa seten adun alle þa duȝeðe on heore benche
and þa luding alæid biuoren þan leod-kinge.
Þa stod Arður him up, aðelest kingen,
and he cleopede him to seouen sune kinges, 3565
eorles and beornes and þa þe weoren baldest
and alle þa wiseste men þa wuneden a þen folke;
wenden into ane huse, þe wes biclused faste,
an ald stanene weorc—stiðe men hit wurhten—
þer men gunnen rune, his redȝeuen wise, 3570 f. 144vb
wulc andswere he ȝiuen wolde Luces þan kaisere.
Þa iboȝen weoren alle beornes to benche,
þa wes hit al stille þat wuneden inne halle;
þer wes vnimete æie mid mære þan kinge;
ne durste þer na man speken, leste þe king hit wolde
awreken. 3575
Þa stod þer up Cador, þe eorl swiðe riche ær,
and þas word sæide bifore þan riche kinge:
'Ich þonkie mine Drihte, þat scop þes dæies lihte,
þisses dæies ibiden, þa to hirede is iboȝen,

and þissere tidinge, þe icumen is to ure kinge, 3580
þat we ne þuruen na mare aswunden liggen here,
for idelnesse is luðer on ælchere þeode;
for idelnesse makeð mon his monscipe leose;
ydelnesse makeð cnihte forleosen his irihte;
idelnesse græiðeð feole uuele craften; 3585
idelnesse makeð leosen feole þusend monnen;
þurh eðeliche dede lute men wel spedeð.
For ȝare we habbeoð stille ileien—ure wurðscipe is þa lasse—
ah nu ic þo[n]kie Drihtne, þæ scop þas daȝes lihte,
f. 145a þat Romanisce leoden sunden swa ræie 3590
and heore beot makieð to cumen to ure burhȝes,
ure king binden and to Rome hine bringen.
Ah ȝif hit is soð þat men saið, alse segges hit telleð,
þat Romanisce leoden sunden swa ræȝe
and sunden swa balde and swa balufulle 3595
þat heo wulleð nu liðen into ure londen,
we heom scullen ȝarekien ȝeomere spelles;
heore ræhscipe scal heomseoluen to reouþe iwurðen.
For nauere ne lufede ich longe grið inne mine londe,
for þurh griðe we beoð ibunden and wel neh al aswunden.'
Þat iherde Walwain, þe wes Arðures mæi, 3601
and wraððede hine wið Cador swiðe, þa þas word kende,
and þus andswærede Walwain þe sele:
'Cador, þu ært a riche mon; þine rædes ne beoð noht idon.
For god is grið and god is frið, þe freoliche þer haldeð wið,
and Godd sulf hit makede þurh his goddcunde, 3606
for grið makeð godne mon gode workes wurchen,
for alle monnen bið þa bet; þat lond bið þa murgre.'
Þa iherde Arður þat flit of þissen eorlen
f. 145b and þus spac þe riche wið raȝen his folke: 3610
'Sitte adun swiðe, mine cnihte alle,
and ælc bi his lifen luste mine worden!'
Al hit wes stille þat wunede inne halle.
Þa spak þe king balde to riche his folke:
'Mine eorles, mine beornes, balde mine þeines, 3615

mine duhti men, mine freond deoren,
þurh eou ich habbe biwunnen vnder þere sunnen
þat ich æm swiðe riche mon, reh wið mine feonden.
Gold ich habbe and gærsume; gumenen ich æm ælder.
No biwan ich hit noht ane, ah dude we alle clæne. 3620
To moni feohte ich habbe eou ilad and æuere ȝe weoren wel
irad,
swa þat feole kinelondes stondeð a mine honde.
Ȝe beoð gode cnihtes, ohte men and wihte,
þat ich habbe iuonded i wel feole londen.'
Þa ȝet him spac Arður, aðelest kingen: 3625
'Nu ȝe habbeoð iherd, hæȝe mine þeines,
what Romanisce men redeð heom bitwenen
and wulc word heo sendeð us here into ure londe,
mid write and mid worde wið grætere wræððe.
Nu we mote biðenchen hu we ure þeoden 3630
and ure muchele wurðscipe mid rihte maȝen biwiteȝen f. 145va
wið þis riche moncun, wið þas Rome-leoden,
and andsware heom senden mid aðelen ure worden,
mid mucle wisdome vre writ senden to Rome,
and iwiten at þan kæisere for whan he us ofcunnen, 3635
for whan he us mid þrætte and mid hokere igræteð.
Swiðe sære me gromeð and vnimete me scomeð
þat he atwit us ure luren þat we ifeore habbeoð forloren.
Heo suggeð þat Julius Cesar hit biwon mid compe i fehten,
mid strengðe and mid fehte; me deð feole vnrihte, 3640
for Cesar isohte Bruttene mid baldere strengðe;
no mihte Bruttes wið him heore lond werien,
ah mid stre[ng]ðe heo eoden an hond and bitahten him al
heore lond
and þerafter sone alle his men bicome.
Sum ure cun heo hadden islaȝen and sum mid horsen
todraȝen; 3645
summe heo ladde ibunden ut of þissen londen,

3616 freond] feeond 3621 ȝe] ȝet 3637 vnimete] vninete
3638 he] hē

and þis lond biwunne mid unrihte and mid sunnen;
f. 145ᵛb and nu axeð mid icunde gauel of þissen londe,
alswa we maȝen don, ȝef we hit don wulleð,
þurh rihte icunde of Beline kinge 3650
and of Brennen his broðer, þan duc of Burgunne.
Þeos weoren ure ældre, þa we beoð of icumene;
þeos bilæie Rome and þa riche al biwunnen
and biuoren Rome þere stronge heore ȝisles anhenge,
and seoððen heo nomen al þat lond and setten hit an heore
aȝere hond, 3655
and þus we mid rihte ahten Rome us biriden.
Nu ich wulle leten Belin and Brenne bilæuen
and speken of þan kaisere, Costantin þan stronge:
he wes Helene sune, al of Brutten icume;
he biwon Rome and þa riche awelde. 3660
Lete we nu of Costantin, þe Rome iwon al to him,
and speken of Maximiæn, þat was a swiðe stro[n]g mon:
he wes king of Brutene; he biwon France;
Maximien þe stronge Rome he nom an honde
and Alemaine he biwon eke, mid wunder muchele strengðe,
f. 146a and al from Romayne into Normandie. 3666
And þeos weoren mine ælderen, mine aððele uoregenglen,
and ahten alle þa leoden þa into Rome leien
and þurh swuche dome ich ahte to biȝeten Rome.
Heo ȝirneð me an honde gauel of mine londe; 3670
al swa ic wille of Rome ȝif ich ræd habbe.
Ich wilnie a mine þonke to walden al Rome,
and he wilneð me in Brutene to binde swiðe uaste
and slæn mine Bruttes mid his balu-reses.
Ah ȝif hit on mi Drihten, þe scop dæiȝes and nihten, 3675
he scal his balde ibeot sære abuggen,
and his Rom-leoden þerfore scullen reosen,
and ic wulle ræh beon þer he nu rixleð on.
Wunieð nu stille alle; ic wulle suggen mine iwille;
ne scal hit na man oðer idon, ah hit scal stonden þeron.

3647 þis] þus

He wilneð al and ich wilni al þæt wit beiene aȝæð; 3681
habben hit nu and aȝe þe hit æð mæȝen iwinne,
for nu we scullen cunne wham hit Godd unne.'
Þus spac þe balde, þe Brutene hafde an onwalde;
þat was Arður þe king, Bruttene deorling. 3685 f. 146b
Setten his kempen and his quides lusten;
summe heo sæten stille mucle ane stunde;
summe heo muche runen ræhten heom bitweonen;
summe hit þuhte heom god; summe hit mengden heore mod.
Þa heo hafden longe ilustned þan kinge, 3690
þa spac Howel þe hende, hah mon of Brutene,
and his quides ræhte biuoren raien þan kinge:
'Lauerd king, hercne me, alse ich ær dude þe!
Þu hafest isæid word soðe—selehðe þe beoð ȝifðe!
Hit wes ȝare iqueðen þat we nu sculleð cuðen 3695
i þan iuurn ȝere þat nu is ifunden here.
Sibeli hit sæide—hire quides weoren soðe—
and sette hit on bocke, uolke to bisne,
þat þreo k[ing]es sculden buȝen ut of Brutlonde,
þa biwinnen sculden Rome and al þa riche 3700
and alle þa londes þe þerto liggeð.
Þe uorme wes Belin, þat wes a Brittisc king;
þe oðer wes Costantin, þe king wes on Brutene;
þu scalt beon þe þridde, þe Rome scal habben.
And ȝif þu hit wult biginnen, þu hit scalt biwinnen, 3705
and ich wulle þerto helpe mid haȝere strenðe. f. 146va
Ich wulle ouer sæ sende to selen mine þeinen,
to balden mine Brutten; þa bet we scullen fusen.
Ich wulle haten alle þa aðele of Bruttaine
bi leomen and bi heore liue, ȝeond alle mine londe, 3710
þat heo beon ȝarewe sone mid þe uaren to Rome.
Mi lond ich wulle sette to wedde for seoluere
and alle þe æhten of mine londe for seoluere and for golde,
and swa we scullen uaren to Rome and slan Luces þene kaisere
and bitellen þine irihten; I þe lede ten þusend cnihtes.' 3715

3701 þerto] rer to

Þus Howel spilede, hext of Brutaine.
Þa þe Howel iseid hafde þat him sel þuhte,
þa spæc Angel þe king, Scotlondes deorling,
and stod uppen ane boncke, and beien his broðeren,
þat was Lot and Vrien, tweie swiðe aðele men. 3720
Þus Angel þe ki[n]g seide to Arðure þan kene:
'Læuerd Arður, ich sugge þe, þurh soðe quides mine,
þat ilke þat Howel has ispeken ne scal hit na man awreken,
f. 146vb ah we hit scullen ilæsten bi ure quicke liuen.
And, lauerd Arður þe hæhȝe, lust me ane stunde! 3725
Cleope þe to ræde þine eorles riche
and alle þa hæxte þa beoð in þine hirede
and bide heom þe suggen mid soðen heore worden
whæt heo þe wulleð fulste, þine iuan to fordonne.
Ich þe leden wulle cnihtes of mire leode 3730
þreo þusend kempen, ohte alle icorene,
ten þusend men auote, to uehte swiðe gode,
and fare we to Rome and iwinnen þa riche.
Ful swiðe us mæi scomien and ful swiðe us mai gromien
þat heo sculle senden sonden after gauele to ure londe. 3735
Ah swa us helpe Drihte, þæ scop þas daȝes lihte,
heo hit scullen abugge mid heore bare liue,
for þenne we habbeoð Rome and alle þa riche,
we scullen nimen þa londes þa þerto liggeð,
Peoile and Alemaine, Lumbardie and Brutaine, 3740
France and Normandie, þa hit hæhte Neustrie;
and swa we sculleð meðegie heore mod vnimete.'
Þa þe king isaid hafde, þa andswarede alle:
f. 147a 'Iniðered wurðe þe ilke mon þe þerto nule helpen
mid ahten and mid wepnen and mid alle his imihten!' 3745
Þa wes Arðures hired sturneliche awraððed;
cnihtes anburste weoren þat alle heo gunnen biuien.
Þa Arður iherd hafde his hired iberen,
þa cleopien agon; þe king wes abolȝen.
'Witteð adun stille, cnihtes inne halle, 3750

3723 has] haf

and ich eou wulle telle what ich don wulle.
Mine writen ich wulle maken, þa wel beon idihte,
and sende þan kæisere modes sorȝe and muchel kare,
and ich wulle ful sone faren into Rome.
Nulle ich þider na gauel bringe, ah þane kaiser ich wulle binden 3755
and seoððen ich wullen hine anhon and al þat lond ich wulle uordon
and foruaren þa cnihtes alle þe aȝein me stondeð i fehte.
Arður his writ nom an honden mid wiðerfulle worden
and þan beornen hit bitahte þæ þa ærnde hafde ibrohte,
and seoððe he lette heom scruden mid ælchere pruden 3760
mid þan hæxte scrude þa he hafde on bure
and hehte heom faren sone to Luces of Rome, f. 147b
and he cumen after wolde swa raðe swa he mihte.

III. *The Morte*

Þa com þer in are tiden an oht mon riden f. 164vb
and brohte tidinge Arðure þan kinge 3765
from Moddrede his suster sune; Arðure he wes wilcume,
for he wende þat he brohte boden swiðe gode.
Arður lai alle longe niht and spac wið þene ȝeonge cniht,
swa nauer nulde he him sugge soð hu hit ferde.
Þa hit wes dæi a marȝen and duȝeðe gon sturien, 3770
Arður þa up aras and strehte his ærmes;
he aras up and adun sat, swulc he weore swiðe seoc.
Þa axede hine an uæir cniht, 'Lauerd, hu hauest þu iuaren toniht?'
Arður þa andswarede—a mode him wes uneðe:
'Toniht a mine slepe, þer ich læi on bure, 3775
me imætte a sweuen; þeruore ich ful sari æm.
Me imette þat mon me hof uppen are halle;
þa halle ich gon bistriden, swulc ich wolde riden;
alle þa lond þa ich ah alle ich þer ouer sah,
and Walwain sat biuoren me; mi sweord he bar an honde.

3753 modes] mondes

f. 165a Þa com Moddred faren þere mid unimete uolke; 3781
he bar an his honde ane wiax stronge;
he bigon to hewene hardliche swiðe,
and þa postes forheou alle þa heolden up þa halle.
Þer ich iseh Wenheuer eke, wimmonnen leofuest me; 3785
al þere muche halle rof mid hire honden heo todroh.
Þa halle gon to hælden and ich hæld to grunden,
þat mi riht ærm tobrac; þa seide Modred, 'Haue þat.'
Adun ueol þa halle and Walwain gon to ualle
and feol a þere eorðe; his ærmes brekeen beine. 3790
And ich igrap mi sweord leofe mid mire leoft honde
and smæt of Modred is hafd þat hit wond a þene ueld
and þa quene ich al tosnaðde mid deore mine sweorede
and seoððen ich heo adun sette in ane swarte putte
and al mi uolc riche sette to fleme, 3795
þat nuste ich under Criste whar heo bicumen weoren.
Buten miseolf ich gon atstonden uppen ane wolden
and ich þer wondrien agon wide ȝeond þan moren;
f. 165b þer ich isah gripes and grisliche fuȝeles.
Þa com an guldene leo liðen ouer dune, 3800
deoren swiðe hende, þa ure Drihten make[de].
Þa leo me orn foren to and iueng me bi þan midle
and forð hire gun ȝeongen and to þere sæ wende,
and ich isæh þæ vðen i þere sæ driuen
and þe leo i þan ulode iwende wið me seolue. 3805
Þa wit i sæ comen, þa vðen me hire binomen.
Com þer an fisc liðe and fereden me to londe
Þa wes ich al wet and weri of sorȝen and seoc;
þa gon ich iwakien, swiðe ich gon to quakien;
þa gon ich to biuien, swulc ich al fur burne, 3810
And swa ich habbe al niht of mine sweuene swiðe iþoht,
for ich wat to iwisse agan is al mi blisse,
for a to mine liue sorȝen ich mot driȝe.
Wale þat ich nabbe here Wenhauer mine quene!'

3794 adun] adum 3797 gon] gond 3811 sweuene] sweueuene 3812 wat] what

Þa andswarede þe cniht: 'Lauerd, þu hauest unriht! 3815
Ne sculde me nauere sweuen mid sorȝen arecchen.
Þu ært þe riccheste mon þa rixleoð on londen
and þe alre wiseste þe wuneð under weolcne. f. 165ᵛa
Ȝif hit weore ilumpe, swa nulle hit ure Drihte,
þat Modred þire suster sune hafde þine quene inume 3820
and al þi kineliche lond isæt an his aȝere hond,
þe þu him bitahtest þa þu to Rome þohtest,
and he hafde al þus ido mid his swikedome,
þe ȝet þu mihtest þe awreken wurðliche mid wepnen
and æft þi lond halden and walden þine leoden 3825
and þine feond fallen, þe þe ufel unnen,
and slæn heom alle clane þet þer no bilauen nane.'
Arður þa andswarede, aðelest alre kinge:
'Longe bið æuere þat no wene ich nauere
þat æuere Moddred mi mæi 3830
wolde me biswiken for alle mine richen
no Wenhauer mi quene wakien on þonke;
nulleð hit biginne for nane weorld-monne.'
Æfne þan worde forðriht þa andswarede þe cniht:
'Ich sugge þe soð, leofe king, for ich æm þin vnderling, 3835
þus hafeð Modred idon: þine quene he hafeð ifon
and þi wunliche lond isæt an his aȝere hond.
He is king and heo is que[ne]; of þine kume nis na wene, f. 165ᵛb
for no weneð heo nauere to soðe þat þu cumen aȝain from
Rome.
Ich æm þin aȝen mon and iseh þisne swikedom 3840
and ich æm icumen to þe seoluen soð þe to suggen;
min hafued beo to wedde þat isæid ich þe habbe
soð buten lese of leofen þire quene
and of Modrede þire suster sune, hu he hafueð Brutlond þe
binume.'
Þa sæt hit al stille in Arðures halle; 3845
þa wes þer særinæsse mid sele þan kinge;
þa weoren Bruttisce men swiðe vnbalde uor þæn.

3819 ilumpe] ilunpe

Þa umbe stunde stefne þer sturede;
wide me mihte iheren Brutten iberen,
and gunne to tellen a feole cunne spellen 3850
hu heo wolden fordeme Modred and þa quene
and al þat moncun fordon þe mid Modred heolden.
Arður þa cleopede, hendest alre Brutte:
'Sitteð adun stille, cnihtes inne halle,
and ich eou telle wulle spelles vncuðe. 3855
Nu tomærȝe þenne hit dæi bið and Drihten hine sende,
forð ich wulle buȝe in toward Bruttaine
f. 166a and Moddred ich wulle slan and þa quen forberne
and alle ich wulle fordon þa biluueden þen swikedom.
And her ich bileofuen wulle me leofuest monne, 3860
Howel minne leofue mæi, hexst of mine cunne,
and half mine uerde ich bilæfuen a þissen ærde
to halden al þis kinelond þa ich habbe a mire hond,
and þenne þas þing beoð alle idone, aȝan ich wulle to Rome
and mi wunliche lond bitæche Walwaine mine mæie 3865
and iuorþe mi beot seoððe bi mine bare life;
scullen alle mine feond wæi-sið makeȝe.'
Þa stod him up Walwain, þat wes Arðures mæi,
and þas word saide—þe eorl wes abolȝe:
'Ældrihten Godd, domes waldend, 3870
al middelærdes mund, whi is hit iwurðen
þat mi broðer Modred þis morð hafueð itimbred?
Ah todæi ich atsake hine here biuoren þissere duȝeðe
and ich hine fordemen wulle mid Drihtenes wille;
miseolf ich wulle hine anhon, haxst alre warien; 3875
f. 166b þa quene ich wulle mid Goddes laȝe al mid horsen todraȝe.
For ne beo ich nauere bliðe þa wile a beoð aliue
and þat ich habbe minne æm awræke mid þan bezste.'
Bruttes þa andswarede mid baldere stefne:
'Al ure wepnen sunden ȝarewe; nu tomarȝen we scullen
uaren.' 3880
A marȝen þat hit dæi wes and Drihten hine senden,

3858 slan] scaln 3865 bitæche] bitatæche

Arðu[r] uorð him wende mid aðelen his folke;
half he hit bilæfde and half hit forð ladde.
Forð he wende þurh þat lond þat he com to Whitsond.
Scipen he hæfde sone, monie and wel idone, 3885
ah feowertene niht fulle þere læi þa uerde;
þeos wederes abiden windes bidelde.
Nu was sum forcuð kempe in Arðures ferde;
anæn swa he demen iherde of Modredes dede,
he nom his swein aneouste and sende to þissen londe 3890
and sende word Wenhaueren heou hit was iwurðen
and hu Arður wes on uore mid muclere ferde
and hu he wolde taken on and al hu he wolde don.
Þa quene com to Modred, þat wæs hire leofuest monnes, f. 166va
and talde him tidende of Arðure þan kinge, 3895
hu he wolde taken an and al hu he wolde don.
Modræd nom his sonde and sende to Sexlond
after Childriche, þe king wes swiðe riche,
and bæd hine cume to Brutaine; þerof he bruke sculde.
Modræd bad Childriche, þene stronge and þene riche, 3900
weide senden sonde a feouwer half Sexlonde
and beoden þa cnihtes alle þat heo biȝeten mihte
þat heo comen sone to þissen kinedome,
and he wolde Childriche ȝeouen of his riche
al biȝeonde þere Humbre, for he him scolde helpe 3905
to fihten wið his æme, Arðuren kinge.
Childrich beh sone into Brutlonde.
Þa Modred hafde his ferde isomned of monnen,
þa weoren þere italde sixti þusende
here-kempen harde of heðene uolke. 3910
Þa heo weoren icumen hidere, for Arðures hærme,
Modred to helpen, forcuðest monnen.
Þa þe uerde wes isome of ælche moncunne,
þa heo weoren þer on hepe an hundred þusende, f. 166vb
heðene and Cristene, mid Modrede kinge. 3915
Arður lai at Whitsond—feouwertene niht him þuhte to long—

3903 kinedome] kinedone 3905 þere] þerere

and al Modred wuste wat Arður þær wolde;
ælche dai him comen sonde from þas kinges hirede.
Þa ilomp hit an one time muchel rein him gon rine
and þæ wind him gon wende and stod of þan æst ende
and Arður to scipe fusde mid alle his uerde 3921
and hehte þat his scipmen brohten hine to Romerel,
þer he þohte up wende into þissen londe.
Þæ he to þere hauene com, Moddred him wes auornon;
ase þe dæi gon lihte, heo bigunnen to fihten; 3925
alle þene longe dæi moni mon þer ded læi;
summe hi fuhten a londe, summe bi þan stronde;
summe heo letten ut of scipen scerpe garen scriþen.
Walwain biforen wende and þene wæi rumde
and sloh þer aneuste þeines elleouene; 3930
he sloh Childriches sune, þe was þer mid his fader icume.
167a To reste eode þa sunne—wæ wes þa monnen!
Þer wes Walwain aslæȝe and idon of lif-daȝe
þurh an eorl Sexisne—særi wurðe his saule!
Þa wes Arður særi and sorhful an heorte forþi 3935
and þas word bodede ricchest alre Brutte:
'Nu ich ileosed habbe mine sweines leofe.
Ich wuste bi mine sweuene whæt sorȝen me weoren ȝeueðe.
Islaȝen is Angel þe king, þe wes min aȝen deorling,
and Walwaine mi suster sune—wa is me þat ich was mon iboren! 3940
Up nu of scipen biliue, mine beornes ohte!'
Æfne þan worde wenden to fihte
sixti þusend anon selere kempen
and breken Modredes trume, and wel neh himseolue wes inome.
Modred bigon to fleon and his folc after teon; 3945
fluȝen ueondliche; feldes beoueden eke;
ȝurren þa stanes mid þan blod-stremes;
þer weore al þat fiht idon, ah þat niht to raðe com;
ȝif þa niht neore, islaȝen hi weoren alle.
Þe niht heom todelde ȝeond slades and ȝeon dunen, 3950

and Modred swa vorð com þat he wes at Lundene. f. 167b
Iherden þa burhweren hu hit was al ifaren
and warnden him inȝeong and alle his folke.
Modred þeone wende toward Winchastre,
and heo hine underuengen mid alle his monnen, 3955
and Arður after wende mid alle his mahte
þat he com to Winchestre mid muchelere uerde,
and þa burh al biræd and Modred þerinne abeod.
Þa Modred isæh þat Arður him wes swa neh,
ofte he hine biþohte wæt he don mahte. 3960
Þa a þere ilke niht he hehte his cnihtes alle,
mid alle heore iwepnen, ut of burhȝe wenden,
and sæide þat he weolde mid fihte þer atstonden.
He bihehte þere burȝewere auermare freo laȝe
wið þan þa heo him heolpen at heȝere neoden. 3965
Þa hit wes dæiliht, ȝaru þa wes heore fiht.
Arður þat bihedde—þe king wes abolȝe—
he lette bemen blawen and beonnen men to fihten;
he hehte alle his þeines and aðele his cnihte f. 167va
fon somed to fihten and his ueo[n]d auallen 3970
and þe burh alle fordon and þat burh-folc ahon.
Heo togaderen stopen and sturnliche fuhten.
Modred þa þohte what he don mihte
and he dude þere alse he dude elleswhare,
swikedom mid þan mæste, for auere he dude unwraste. 3975
He biswac his iueren biuoren Winchestren
and lette him to cleopien his leofeste cnihtes anan
and his leoueste freond alle of allen his folke
and bistal from þan fihte—þe Feond hine aȝe!—
and þat folc gode lette al þer forwurðe. 3980
Fuhten alle dæi; wenden þat heore lauerd þer læi
and weore heom aneouste at muchelere neode.
Þa heold he þene wai þat touward Hamtone lai
and heolde touward hauene, forcuðest hæleðe,
and nom alle þa scipen þa þer oht weore 3985

3959 him] hīt

and þa steormen alle to þan scipen neodde
and ferden into Cornwalen, forcuðest kingen a þan daʒen.
And Arður Winchestre þa burh bilai wel faste
f. 167ᵛb and al þat moncun ofsloh—þer wes sorʒen inoh!
Þa ʒeonge and þa alde alle he aqualde. 3990
Þa þat folc wes al ded, þa burh al forswelde;
þa lette he mid alle tobreken þa walles alle.
Þa wes hit itimed þere þat Merlin seide while:
'Ærm wurðest þu, Winchæstre! Þæ eorðe þe scal forswalʒe!'
Swa Merlin sæide—þe witeʒe wes mære. 3995
Þa quene læi inne Eouwerwic, næs heo næuere swa sarlic;
þat wes Wenhauer þa quene, særʒest wimmonne.
Heo iherde suggen, soððere worden,
hu ofte Modred flah and hu Arður hine bibah;
wa wes hire þere while þat heo wes on life. 4000
Ut of Eouerwike bi nihte heo iwende
and touward Karliun tuhte swa swiðe swa heo mahte.
Þider heo brohten bi nihte of hire cnihten tweiʒe
and me hire hafd biwefde mid ane hali rifte
and heo wes þer munechene, karefullest wife. 4005
Þa nusten men of þere quene war heo bicumen weore;
no feole ʒere seoððe nuste hit mon to soðe
f. 168a whaðer heo weore on deðe,
þa heo hireseolf weore isunken in þe watere.
Modred wes i Cornwale and somnede cnihtes feole: 4010
to Irlonde he sende aneoste his sonde;
to Sexlonde he sende aneouste his sonde;
to Scotlonde he sende aneouste his sonde.
He hehten heom to cume alle anan þat wolde lond habben,
oðer seoluer oðer gold oðer ahte oðer lond; 4015
on ælchere wisen he warnede hine seoluen,
swa deð ælc witer mon þa neode cumeð uuenan.
Arður þat iherde, wraðest kinge,
þat Modred wæs i Cornwale mid muchele monweorede
and þer wolde abiden þat Arður come riden. 4020
Arður sende sonde ʒeond al his kinelonde

and to cumen alle hehte þat quic wes on londe
þa to uihte oht weoren, wepnen to beren,
and whaswa hit forsete þat þe king hete
þe king hine wolde a folden quik al forbernen. 4025
Hit læc toward hirede, folc vnimete,
ridinde and ganninde swa þe rine falleð adune.
Arður for to Cornwale mid uni[me]te ferde.
Modred þat iherde and him toȝeines heolde f. 168b
mid vnimete folke; þer weore monie uæie. 4030
Uppen þere Tambre heo tuhten togadere;
þe stude hatte Camelford; euermare ilast þat ilke weorde.
And at Camelforde wes isomned sixti þusend
and ma þusend þerto; Modred wes heore ælder.
Þa þiderward gon ride Arður þe riche 4035
mid unimete folke, uæie þah hit weore.
Uppe þere Tambre heo tuhte tosomne;
heuen here-marken; halden togadere;
luken sweord longe; leiden o þe helmen;
fur ut sprengen; speren brastlien; 4040
sceldes gonnen scanen; scaftes tobreken;
þer faht al tosomne folc vnimete.
Tambre wes on flode mid vnimete blode.
Mon i þan fihte non þer ne mihte ikenne nenne kempe
no wha dude wurse no wha bet, swa þat wiðe[r] wes imenged,
for ælc sloh adunriht, weore he swein weore he cniht. 4046
Þer wes Modred ofslaȝe and idon of lif-daȝe
[and alle his cnihtes islaȝene] in þan fihte;
þer weoren ofslaȝe alle þa snelle
Arðures hered-men, heȝe [and lowe], 4050
and þa Bruttes alle of Arðures borde
and alle his fosterlinges of feole kineriches f. 168ᵛa
and Arður forwunded mid wal-spere brade;
fiftene he hafde feondliche wunden;
mon mihte i þare laste twa glouen iþraste. 4055
Þa nas þer na mare i þan fehte to laue

4024 whaswa] wah swa 4025 quik] quid 4031 Tambre] Tanbre

of twa hundred þusend monnen, þa þer leien tohauwen,
buten Arður þe king ane and of his cnihtes tweien.
Arður wes forwunded wunder ane swiðe.
Þer to him com a cnaue, þe wes of his cunne; 4060
he wes Cadores sune, þe eorles of Corwaile;
Constantin hehte þe cnaue; he wes þan kinge deore.
Arður him lokede on, þer he lai on folden,
and þas word seide mid sorhfulle heorte:
'Costæntin, þu art wilcume! Þu weore Cadores sone. 4065
Ich þe bitache here mine kineriche,
and wite mine Bruttes a to þines lifes
and hald heom alle þa laȝen þa habbeoð istonden a mine daȝen
and alle þa laȝen gode þa bi Vðeres daȝen stode.
And ich wulle uaren to Aualun, to uairest alre maidene, 4070
to Argante þere quene, aluen swiðe sceone,
and heo scal mine wunden makien alle isunde,
f. 168vb al hal me makien mid haleweiȝe drenchen.
And seoðe ich cumen wulle to mine kineriche
and wunien mid Brutten mid muchelere wunne.' 4075
Æfne þan worden þer com of se wenden
þat wes an sceort bat liðen, sceouen mid vðen,
and twa wimmen þerinne, wunderliche idihte,
and heo nomen Arður anan and aneouste hine uereden
and softe hine adun leiden and forð gunnen liðen. 4080
Þa wes hit iwurðen þat Merlin seide whilen
þat weore unimete care of Arðures forðfare.
Bruttes ileueð ȝete þat he bon on liue
and wunnien in Aualun mid fairest alre aluen,
and lokieð euere Bruttes ȝete whan Arður cumen liðe. 4085
Nis nauer þe mon iboren, of nauer nane burde icoren,
þe cunne of þan soðe of Arðure sugen mare.
Bute while wes an witeȝe, Mærlin ihate;
he bodede mid worde—his quides weoren soðe—
þat an Arður sculde ȝete cum Anglen to fulste. 4090

4072 scal] slal 4080 liðen] hine liðen

NOTES

I

[M 15460–22464; E.E.T.S. 7715–11209]

1. The king is Vortiger, who had been defeated in battle by the Saxons led by his father-in-law, Hengest. The Saxons compelled Vortiger to hand over his kingdom to them and he fled into Wales with much treasure, by means of which he gathered together an army of 60,000 men. He prepares to build a castle which can be defended against Hengest.

2. *þider*. The site of the projected castle is described earlier in the poem as the *munte of Reir* (M 15442), a name which probably refers to Snowdon (Welsh *Eryri*).

13. The O reading *þis worck ham dihte* 'this work occupied them', provides a subject for *dihte* which has to be understood in C.

24. *a twa wenden* 'divided themselves into two groups'.

37. *to þere worlde longe* 'as long as the world should last'.

67. *ȝerden* 'made inquiries' is for *ȝernden*, the preterite of *ȝernen*, with loss of *n* in a group of three consonants; cf. *Language*, § 4.

131. *Þa ich an ænde me bisæh* 'When eventually I looked to myself', i.e. 'When I awoke'.

138. 'whether it were an evil creature or whether it came from God'.

141. *hire huȝe dihte* 'composed her features'.

147. *he cuðe feor læden* 'he could lead far', i.e. 'he was a good guide or adviser'.

149. *leod-spelle* may mean 'history' or, as M suggests, 'magical spells', cf. *leod-runen* 26.

155. *axede hine . . . of ræd* 'asked him for advice'. Verbs of asking often take *of* in Middle English.

156. *ord fram þan ende* 'from beginning to end'.

175. 'You are asking for news that you will not like.'

192. *gumenene*. This form occurs too often to be regarded as

a scribal error; cf. ll. 1239, 1549, 1558, and *gumenen* 3619. It shows the addition of the gen. pl. ending *-ene* to the nom. pl. instead of to the stem.

196. The initial *i* of *isæið* may be the verbal prefix (OE. *ge-*), but it is more probably the lightly stressed form of the nominative plural pronoun *hi* 'they', which is often joined to the following verb.

200. *biuoren*, sc. you.

274. *monnen me leofuest* 'dearest of men to me'.

308. 'You have on both sides (those) who intend harm to you.'

329. A verb of motion is to be understood.

340. *al hit wræh þa wolde* 'it completely covered the plain'.

355. *Genoire*. Geoffrey calls the castle *oppidum Genoreu*. The place is now called Ganarew, a half-mile from the River Wye, on the top of Little Doward Hill (Tatlock, p. 72).

356. Cloard is probably to be identified with Great or Little Doward Hill in Herefordshire. Geoffrey has *Cloartius*, Wace *Cloart* beside *Doar(e)*. The forms in *Cl-* preserve the mistake of an early transcriber, who misread *d* as *cl*, a common MS. error; for examples see Tatlock, p. 72, footnote 307.

Hærgin is the Archenfield district (OE. *Ircinga feld*), an extensive hilly region in Herefordshire. Geoffrey calls it *Herging* and Wace *Hergrin*. The region was thought of as a unit, which Geoffrey describes as a *natio*; the same conception is reflected in Laȝamon's term *lond*.

424. The MS. gives possible sense, and may be paraphrased: 'when the head (i.e. the king) is worthless, he is unable to provide any help for his subjects in their misfortunes'. M would emend *hælp* to *hæp*, 'lot, plight'; O has *heop*. Wace has: 'Petit fait a criendre compaine / Ki ad fieble e fol chevetaine' (7693 f.).

456. *hær* 'grey (from absence of foliage)'; see *OED* sv. *Hoar* adj. and sb., sense 4.

484. *whi trukest þu us an hond?* 'why do you fail us?' A conventional phrase common in Laȝamon; cf. ll. 665, 670, 701.

543. The first *þe* is the personal pronoun 'thee' governed by *biuoren*; the second is the relative pronoun '(him) who'.

575. *Ældadus*. Geoffrey states that Eldadus was Bishop

of Gloucester (viii. 7); for an account of him see Tatlock, p. 242.

621. *toswadde* 'cut in two' (OE. *tōscādan.*) For the spelling cf. *swullen* for *scullen* 1821.

764. 'If you like it (the advice), hereafter it will please you', i.e. 'If you act on my advice, you will be glad that you did so'.

767. *þurh æies cunnes þinge* 'by any kind of device'.

782. *Alæban*. Geoffrey describes this well as 'fontes Galabes' and says that it is 'in natione Gewisseorum' (viii. 10); Wace has: 'A Labanes, une funtaine / Ki en Guales ert, bien luintaine' (8013 f.). Laȝamon has misunderstood the French preposition *a* as part of the name.

803. *ne mihte ȝe me finden* 'you could not have found me'.

818. A verb of motion is perhaps to be understood, unless *to* is an error for *toc*.

862. *iliche*. The OE. adj. *gelīc* took the dative, and *iliche* here should therefore be regarded as a noun 'equal' (OE *gelīca*). Cf. *unniliche* l. 909.

876. Hall points out that this line is proverbial and compares 'oft spet wel a lute liste / þar much strengþe sholde miste' (*Owl and Nightingale*, l. 763).

939. 'But it fell out quite differently from his expectations'; a conventional tag, cf. l. 2384. O has *oþer þane he wende.*

971. *ȝe alle glæne* 'every one of you'. For the idiom cf. *we al(le) clæne* 1459, 3620. *Glæne* 'completely' is from OE. *clǣne* with assimilation of initial *c* to the following voiced consonant *l*; cf. the inverted spelling *cliseden* 3127, from the pa. t. of OE. *glisian*.

993. *mid ræde* 'with (my) advice'.

1020. *heȝe wurðede his duȝeðe* '(he) greatly honoured his army'.

1058. *Meniue*. Geoffrey's *Menevia* (iii. 5) and Wace's *Meneve* (8212), now St. David's, Pembrokeshire.

1060. *Seint Deouwi*, from Old Welsh *Ty Ddewi*, the house of David, is called after the saint of that name (*c.* 530–601), whom Geoffrey describes as 'sanctissimus archiepiscopus David' (xi. 3).

1087. *feondes hine væreden*. Cf. l. 1161.

1249. *Þat taken wes a þire half* 'That portent related to you'.

1263. 'that which' is to be understood after *ihærde*; O has *wat þe wolleþ helþe*.

1279. *him* is reflexive: 'Gillomar saw where Uther came'.

1281. *To* is an adverb meaning 'forward', and a verb of motion is to be understood after *biliue*.

1298. The construction is impersonal and *Brutten* is dative plural: 'to the Britons it was a serious matter'. *Eornest* may have the sense 'ardour in battle' that it has at l. 510.

1373. *þe oðer wes iuere* 'one was (his) companion', i.e. he took one of them with him; cf. l. 811.

1415. 'and seized into their own hands the whole land as far as Scotland'.

1427. 'the fields were darkened with the blood of doomed men'.

1435. *hælþ*. O reads *heaþ*, but *hælþ* may well mean 'help, means of assistance'; for the spelling cf. l. 2629 and for the idiom cf. l. 424.

1471. 'they are very weary of carrying their weapons'.

1480. *we scullen heom to teon* 'we shall go to them'.

1543. *game* is an appropriate term for Uther's behaviour as described in ll. 1537–9, and the emendation has the support of O.

1551. *beon icnowen of his pliht* 'acknowledge his offence'.

1562. *me scende of mine wife* 'insult me by his behaviour towards my wife'.

1593 f. The castle was so strong that only a few knights were needed to guard the gates, and the rest of the garrison could sleep in peace.

1606. O has *þat Tambre his ihote*. Probably the reading of C results from a confusion of two constructions: *þat hatten Tambre* and *þat ihaten Tambre is*, with *hatten* as the old passive form (present or past tense) and *ihaten* as the past participle.

1629. *þis word halt me derne* 'keep what I am telling you a secret for me'.

1630. *lare* is pl. and is the antecedent of *heom* in the following line.

1644. 'Even then it is doubtful whether you could possess her.'

1649. *æremite* is the subject and *to* governs *me.*

1671. *þas* 'for that reason', i.e. 'because of their meeting'.

1675. *wældest* 'wouldst', sc. 'go'.

1686. 'But it will never happen, as long as time shall last'; cf. ll. 1692, 3829.

1741. 'who could open the gates of Tintagel by force'.

1869. i.e. Merlin had restored Uther to his normal appearance so that he no longer looked like Gorlois.

1874. *glad æuerælch cniht* 'every knight (was) glad'.

1894 ff. This account of the gifts bestowed on Arthur is not found in Wace.

1972. *lætten swiðe hokerliche* 'thought very meanly'.

1984. The penalty for absence would be either death or mutilation.

2033. *þat ich eou habbe wel biwiten* 'with which I have well protected you'; *þat* is instrumental.

2067. *þas quiken* 'those (who were) alive'.

2193. Colgrim is more fully identified at ll. 2279 f.

2221. *to þissere Brutene,* i.e. to Great Britain, as distinct from Brittany (2184, 2197).

2224. *þa sæ* is the subject: 'the sea cast them up on the shore'.

2254. *sume þrie* 'some three times'; cf. *sume sixti* 3456.

2337. *brustleden sceldes.* The shields bristled with the arrows and darts sticking in them.

2384. 'But it all turned out otherwise than he expected.'

2402. *comele,* cf. *comela* 2717. This word is found only in Laȝamon and apparently means 'hiding-place'; see *OED,* s.v. *Comel.* At M 20273 *on comele* corresponds to O *in teldes* and Wace *el buschement.*

2473. *his ane þeine* 'a thane of his'; cf. ll. 2475 and 3174.

2476. 'the land from the Humber as far as London'.

2487. *To Hoele his mæie.* Geoffrey says that Hoelus was the son of Arthur's sister (ix. 2).

2530. The emendation of MS. *beorkes* seems necessary as *bark, barque* 'vessel' is not found before the fifteenth century; OF. has only *barge.*

2550. 'But he had not yet conquered it.' *Heo* is probably to be taken as the acc. sg. fem. of the personal pronoun referring to Lincoln, described in O as *þe borh*; OE. *burh* is fem.

2618. *Calidonie*. The context suggests that this wood is likely to be not far from Lincoln (cf. l. 2605). M (iii. 375) quotes from Robert of Brunne's *Chronicle*: 'A wod beside hight Calidoun / That now men calle Fiskertoun.' Fiskerton is a village about four miles from Lincoln.

2652. 'they afterwards lose what they gain at first'.

2682. *habben* is here used first with the meaning 'possess' and then as an auxiliary with the past participles *foruaren* and *fordemed*.

2700. *Childriche* is dat.: 'so it was with Childric'.

2822. *Clud* is an abbreviated form of *Alclud*, i.e. Dumbarton, on the River Clyde. It is from Old Welsh *Alt Clud* 'the rock on the Clyde'.

2831. *Witeȝe* is perhaps to be identified with *Wudga* (*Widsith* 124), and *Widia* (*Waldere* B, 4). He was traditionally supposed to be the son of Weland and regarded as having inherited his skill as a craftsman; see *Modern Philology*, i (1903), 99, n. 4.

2837f. *he* refers to the helmet, *Goswhit*, i.e. *Goose-white*. The name is not in Geoffrey or Wace. It differs from the names of Arthur's sword, spear, and shield (which are named by Geoffrey) in being made up of English elements, and Ackerman (p. 109) suggests that it may be an English corruption of a Welsh name.

2840. *Pridwen*, the shield, in Welsh means 'blessed form', possibly in allusion to the figure of the Virgin painted on it; see Tatlock, p. 202.

2843. *Ron* is from Welsh *ron* 'spear'.

2871. *heo wusten heom ifæied* 'they knew themselves (to be) at enmity (with Arthur)'.

2950. 'and became very angry indeed'; *wrað* is past tense 'became' from OE. *wearð* with metathesis. O has *and wrappede him swiþe*. The C reading is probably due to confusion between the reflexive construction found in O and the passive construction with *wearð*, which demands the past participle *iwræððed*.

2970. *To cuððen wit scullen ræchen* 'We two must encounter for possession of the land'.

3017. *to þan ane icoren* 'chosen for that one (purpose)'.

3025. *oðer half hundred* 'a hundred and fifty'.

3069. *Teinnewic* is clearly a settlement on the River Teign, but more precise identification does not seem possible.

3083. *grit* is for *grið* 'peace' with partial assimilation of the final consonant to the initial *s* of the next word.

3084 f. Cf. *The Peterborough Chronicle*, s.a. 1135, of King Henry I: 'Durste nan man misdon wið oðer on his time . . . Wua sua bare his byrthen gold and sylure, durste nan man sei to him naht bute god.'

3092. sc. *gunnen* 'began'; cf. l. 3132.

3150. *ȝet þer is sellic* 'There is another marvel'.

3151. O has *falleþ in*, which fits the context better than the C reading and agrees better with Wace's *dedens caoient*.

3155. The first *an* is the prep. 'at'; the second is the adj. 'one'.

3181. *þer he his mæi lette* 'where he had left his kinsman'.

3232. *he ȝef heom lumen*, i.e. he did not have them maimed.

3237. sc. *heo* before *nalden*.

3303. *suggen* 'sang'; for the spelling cf. *Kuniggesburh* 487.

3308. sc. 'went'.

3330. 'no matter what the punishment by which he had been driven away'.

3334. *þene þe king demde forlore* 'the king deemed him to be lost (i.e. beyond the reach of pardon)'.

3336. *welle hwulche þreo men* 'these three men (were) excellent'.

3348. *an ælche leod-wisen*, 'in every way as a subject should'. See *OED* s.v. *Lede* sb., sense 3.

3365. *bæd iþohte* is a crux. M (iii. 500) suggests that *bæd* may be from OE. *beada*, a counsellor or persuader; *iþohte* may be the p.p. of the verb *þenche* or it may represent the prep. 'in' and the sb. 'thought'.

3408. *heo ruokeden burnen*. O has: *hii rollede wepne*. It seems probable that the meaning of *ruokeden* is the same as that of *rokked* in *Sir Gawain and the Green Knight* l. 2018, 'Þe ryngeȝ rokked of the roust of his riche bruny', where *rokked* seems to mean 'cleaned' (cf. note on the line in E.E.T.S. edition (o.s. 210)). As the digraph *uo* is not normal in C, *ruokeden* should perhaps be emended to *rokkeden*.

3413. The *uw* of *beouweden* has been crossed out and *þe* interlined by a later hand. It is not easy to identify the word intended by either the scribe or the corrector, though it is clear from the context that the word describes the preparation of armour for battle.

3438. The first *swiðe* means 'quickly', the second 'very'.

3458. sc. *ich wulle þe bitache* from l. 3455.

II

[M 24739–5274; E.E.T.S. 12346–613]

After the coronation of Arthur the festivities lasted for three days. On the fourth day he gave riches and lands to his knights. Arthur is at the table with his knights and many noble guests when the strangers enter.

3513. *þe hat græten* 'commands (us) to greet you'.

3519. *domes walden*, literally 'lord of judgement', a kenning for 'emperor'. For the loss of *-d* in *walden* (OE. *wealdend*) see *Language*, § 5.

3565. *to* governs *him*, and *kinges* is gen. pl.

3579. *þisses dæies ibiden* is elliptic: 'that I have lived to see this day'.

3604. *þine rædes ne beoð noht idon* 'your counsels are not (fit to be) acted upon', i.e. 'your advice is not good'.

3643. 'but they resisted him with force and yet they had to hand all their land over to him'. O reads: *ac mid strengþe he* (i.e. Caesar) *ȝeode an hond and bi-nam ȝam hire lond.*

3675. *ȝif hit on mi Drihten* 'if my God grants it'.

3685. *Bruttene* is gen. pl., 'of the Britons'.

3695 f. *þat we nu sculleð cuðen* and *þat nu is ifunden here* are both amplifications of the subject *hit.*

3697. *Sibeli*, i.e. the Sibyl. The Sibylline Oracles were composed at Alexandria from the second century B.C. to the third century A.D. partly by Christian and partly by Jewish authors in imitation of the pagan 'Sibylline Books'. They are a 'series of pseudo-prophetic pictures of the world's history from the creation to the Last Times. . . . Through the Middle Ages the Sibyl remained a great name in poetry and art' (H. O. Taylor, *The*

Emergence of Christian Culture in the West, pp. 250 f.). The reference here is simply an appeal to an established and revered poetic authority made in order to give weight to Howel's words.

3715. *I þe lede* 'I will lead for you', i.e. 'I will contribute to your forces'. O has *leane* 'lend' but C agrees with Wace's *jo merrai* (l. 10947; other variants are *men(e)rai* and *mettrai*). Again at l. 3730 C has *leden* while O has *leane*.

III

[M 27992–8651; E.E.T.S. 13971–14297]

Arthur had defeated the Romans, and the Emperor Lucius was killed in battle with 50,000 of his men. Arthur was in Burgundy when the messenger from Modred arrived.

3775 ff. The ominous dream is one of Laȝamon's most notable contributions to Wace.

3833. sc. 'they' or 'she'.

3856. *hine* 'it' refers to the masculine noun *dæi.*

3883. 'he left half (of his army) behind and took half with him'.

3920. 'and the wind changed and blew from the east'.

3922. *Romerel.* O has *Romelan* and Wace *Romenel,* i.e. Old Romney; this is the place intended by Laȝamon.

4008 f. 'whether she were dead or (whether) she herself were sunk in the water'.

4031 f. Camelford is in fact on the River Camel. Blenner-Hassett (p. 28) suggests that Laȝamon's mistake probably arose from Wace's forms *Tamble, Tanbre,* scribal variants of *Camblan.*

4048. The missing words here and at l. 4050 are supplied on the basis of O.

4071. *Argante* is probably to be identified with Morgan Le Fay, the daughter of Igerne by an earlier husband and thus Arthur's half-sister. This account of Arthur's passing is not found in Wace. For a later version see the *Speculum Ecclesiae* of Giraldus Cambrensis, quoted by E. K. Chambers, *Arthur of Britain*, p. 272.

4090. *Anglen.* O has *Bruttes.* Tatlock (pp. 504 f.) sees in this line an allusion to Arthur of Brittany (1187–1203), grandson of Henry II.

ADDITIONAL NOTES (1983)

(p. xxii). The 'Englisca boc þa makede Seint Beda' was probably King Alfred's translation of Bede's *Historia Ecclesiastica*; the book of Albin and Austin has never been satisfactorily identified. Albin, who was never canonized, was Abbot of St. Augustine's, Canterbury, 708–32, and Austin was St. Augustine, frequently mentioned in Bede's *Historia*. Laȝamon may have intended to base his work on the three books that he mentions but in fact he made virtually no use of the first two of them, and his *Brut* is in the main a free expanded paraphrase of Wace's *Brut* with important additions of his own (cf. p. viii).

1. *ferde . . . ferde*. Laȝamon has a fondness for pairing words of different meaning but the same or similar form; it is a stylistic trick akin to punning. Other examples are at lines 271–2 (*wende*), 488 (*wende*, again), 873 (*þenne*, *þeonne*), 1176 (*nan*) and elsewhere.

744. *bisie*. 'Concerned', or 'worried', here. It contrasts with *gladian*.

860. The missing half-line may be supplied from O; *hit hat þe Eatantes Ring*, 'It is called the Giant's Ring'.

2742. There is an inconsistency in the story here. Since Childric and his men had handed over all their weapons to Arthur, it is hard to see what they could be using in this attack.

GLOSSARY

THIS Glossary is selective. *æ* is treated as a letter distinct from *a* and immediately following it in alphabetical arrangement; *ȝ* immediately follows *g*, and *þ* (*ð*) follows *t*. In the manuscript both *u* and *v* are used to represent the vowel *u* and the consonant *v*; in the Glossary *u* is used for the vowel and *v* for the consonant. In other respects the spelling of the manuscript is preserved in the Glossary, but no attempt has been made to record all the variants. No cross-references are normally given between forms near to each other in alphabetical sequence or showing the variations *a/æ/e, f/v,* or *c/k*. Verbal forms are in the infinitive or indicative unless otherwise specified; subjunctives are not separately recorded unless they differ in form from indicatives.

a, up to; **a þat**, until.
a, always.
a. *See* **a(n)**, **heo**.
abac, back.
abiden (*pa.* **abad, abeod**), wait (for), resist, endure, stand one's ground.
abiteð, devours.
abolȝe(n), angry.
abugge(n), pay for, atone for.
abuȝe, obey.
aburhȝen, save, protect.
abuten, around.
adefed, destroyed.
adrede, be afraid.
adrenten, drowned.
adroh, drew.
adruncke, were drowned.
adun, **~riht**, **~rihtes**, down. **~ward**, downward.
afalle(n), **avalle(n)** (*pa.* **avelde**, *pp.* **afallæd**), strike down, kill.
afallen, fallen down.
afæred, **aværed**, afraid.
afeolled, **avulled**, filled, in possession of.
afinde (*pa.* **afunde**), discover, find.
afon (*pa.* **afeng, aveng**), receive, accept.
after, *prep.* according to, along; *adv.* afterwards.
agan, passed, vanished.
aginnen (*pa. sg.* **agon**, *pl.* **agunnen**), begin, set to work.
agriseð, terrify.
aȝe(i)n, **aȝæ(i)n**, **aȝan**, *prep.* against, opposite; *adv.* back, again.
aȝeineden, went to meet.
aȝeines, against.
aȝe(n), **ahȝe**, **æȝen**, **æhȝe**, *adj.* own.
aȝe(n), **aȝæn** (*pr.* **ah**; *pa.* **ahte**, **æhte**), possess, rule, have an obligation.
aȝeven (*pa. sg.* **aȝef**, *pl.* **aȝeven**), give up, give back.
ah, but.
ahof, lifted.
ahon, hang.
ahtene, eighteen.
akende, gave birth to.
alane, alone.
alæid, ceased.
alæten, remove.
ald, **æld**, (*comp.* **ældre**), old, former
alde, age.
alder, **ælder**, (1) leader, lord, (2) ancestor.
Alemainen, Germans.
Alemainisce, German.
alfen. *See* **alven**.
alihte, alighted, halted.

al(le), *adj.* all; *adv.* quite, just; **mid alle**, altogether, quite.
alles, altogether.
allunge, in every respect, completely.
almesmon, beggar.
almihten, almighty.
alomp, befell.
alond, ashore.
alse, alswa, like, as, (as) if, also.
alven, ælven, alfen, elves, supernatural women.
alwaldinde, omnipotent.
amarȝe, amærȝe, amarwen, amærwe, in the morning.
amærre (*pa.* **amerde**), damage, injure.
amidde(n), in the middle.
amppulle, phial.
amurðerd, murdered.
a(n), in, into, within, on, at, by.
an, a, one.
an, and.
anan, anon, at once, immediately; **~rihte**, at once; **~swa**, as soon as.
anburste, enraged.
an(d)sware, andswerie, *v.* answer.
andsware, andswere, *sb.* answer.
ane, only, alone, uniquely.
aneo(we)ste, aneouste, near, quickly.
anes, once; **to þan ~**, for that sole purpose.
anfest, onfest, onvæst, near.
Anglen (*pl.*; *gen. pl.* **Ænglene**), the English people.
anȝæt, understood.
anhof, drew, lifted up.
anhon (*pa. pl.* **anhenge**), hang.
anoðer, in another way.
anunder, under.
anuvenan, anufene, upon; **cumen heom ~**, gain the advantage over them.
anwold, power, control.
aquelle(n), aquele (*pa.* **aqualde, aquelde**, *pp.* **aquald(en)**), kill.
aras, aræs (*sg.*; *pl.* **arisen**), rose, arose.
arædden, aredden, raised, built.
arære, build, raise, utter.
are, ære, grace, favour.
arecchen, interpret.
asceken, passed.
aslæn (*pa.* **asloȝ**; *pp.* **aslæȝe(n)**), kill.
aswac, ceased, put an end to.
aswint, fails.
aswunden, idle, degenerate.
atærnden, ran away.
atforen, in front of.
athalden (*pp.* **atholde**), maintain.
atoȝen, ill-treated.
atsake, disown.
atstonde(n) (*pa. sg.* **atstod**; *pp.* **atstonden**), stand, remain, resist, stop.
atteliche, hideous.
atter, poison. **~ne**, poisonous.
atwa, in two.
atwende, ætwende, escaped, eluded.
atwinden, escape.
atwiten, blame, reproach.
að, æð, oath.
aðel, æðel, country, native land.
aðele, aððele, æðele, *adj.* noble, good; *sb.* excellence, noblemen, good judgement.
aðmeden, compassion.
aðum, son-in-law.
aventime, evening.
avoremeste, first.
avornon, before (of time).
avote(n), on foot.
avulled. *See* **afeolled.**
awakien, waken.
awæi, awei, ~ward, away.
awæmmen, awemmen, impair, injure, attack.
awæsten, laid waste.
awæwardes, away.
aweden (*pp.* **awedde**), rage, become mad.
awehten, wakened.

awelde, ruled.
awinnen, win.
awraðδed, enraged.
awreken, **awræken**, **awrake**, avenge, punish, find fault with.
awundred, *pp*. puzzled, amazed.
axe, **axien**, **æxe**, ask, demand, summon.

æc, also, moreover.
ædie(n), blessed.
ædmode, gracious.
æft, again, afterwards.
æfter, by, afterwards.
æfterling, follower.
æht, brave.
æhte(n), **ahte(n)**, possessions.
æi, any; **æies weies**, in any way, at all.
æie, **eiȝe**, awe, fear. **~lese**, fearless. **~leste**, courage.
æiȝesful, awe-inspiring.
æitlond, island.
æiðer, each.
æiwær, everywhere.
ælc(h), **æch**, **alc(h)**, each, every.
Ældrihten, God.
ælles, otherwise.
æm, uncle.
ændede, died.
ænne, **enne**, a, one.
ær, before, formerly.
ær. *See* **hær**.
ærd(e), land, kingdom.
æremite, **armite**, hermit.
ærer, previously.
ær(e)st, first, at first.
ærh, cowardly. **~scipe**, **~ðe**, cowardice.
ærm, wretched, miserable. **~ing**, wretched creature. **~liche**, wretched, sorrowful. **~þe**, misery, hardship.
ærm, arm.
ærme, sorrow.
ærn, eagle.
ær(n)de, **arunde**, message.
ærne(n), **arne(n)**, gallop, hasten.
ærwitte, foolish, unwise.
æst, east.
Æstre, Easter.
æten (*pa*. **æt**), eat.
æturnen, escaped.
æð, easier, better; easily.
æðe, more pleased.
æuwer, **aure**, your.
æveræi, **averæi**, any.
æverælc(h), **ævere ælche**, **averælc(h)**, **everælc**, each, every.
æver(e), **aver(e)**, always, continually.
æveremare, **avermare**, **evermare**, evermore.
æx, axe.
æxle, shoulder.

ba, both.
bad, **bah**. *See* **bidde(n)**, **buȝe(n)**.
bald, bold, brave. **~eliche**, bravely.
balu, **bælu**, evil, misfortune. **~ful**, hostile.
ban, bone(s).
bar, boar.
bar. *See* **bere(n)**.
bare, unarmed.
bar(n)den. *See* **bernen**.
bat, boat.
baðien, bathe.
bæchen, valleys.
bæcnien, summon.
bæd. *See* **bidde(n)**.
bæfte(n), behind, in the rear.
bæh. *See* **buȝe(n)**.
bæl, wrathful.
bælde, **balde**, encouraged.
bælh, became angry.
bæmen, beams of light.
bærd, beard.
bære, litter.
bærn, **bearn**, **bern**, child, son.
bede(n), **beere**, **beh**. *See* **bidde(n)**, **bere(n)**, **buȝe(n)**.
behȝes, rings.
beien(e), **beine**, both.

bende, ring, crown.
benden, bænde, bonds, fetters.
beode(n) (*imp.* and *pa. sg.* **bed**; *pp.* **ibode(n)**), command, offer, announce, summon.
be(o)den, prayers.
beoden, messengers.
be(o)men, trumpets.
beo(n) (*3 sg. pr.* **bið, buð**, *3 pl.* **buð, beoð**; *3 sg. pr. subj.* **bon**), be.
beonneden. *See* **bonnien.**
beorȝen, hills.
beorkeð, bark.
beorn, man, warrior.
beorst, injury, harm.
beot, boast.
beoteden, boasted.
beouweden, prepared.
bercniht, porter, carrier.
bere, bear.
bere(n) (*pa. sg.* **bar**, *pl.* **bere(n)**; *pa. sg. subj.* **beere**; *pp.* **iboren**), carry, bear.
bernen, bærnen (*pa.* **born, bar(n)-den**), burn.
bet, better.
beten, atone for.
bezst, best.
bi, in, according to.
biæften, behind.
bibah, pursued.
biburide, buried.
bicharreð, lead astray, beguile.
biclusde (*pa.*; *pp.* **biclused**), imprison, besiege, surround, defend.
bicumen (*pa.* **bicom(e)**), become, befit, go.
bidæled, bideled, bidaled, void of.
bidde(n) (*pa. sg.* **bad, bæd**; *pl.* **beden**), pray, ask for, offer, command, announce.
biden, receive.
biforen, bivoren, before, in the presence of.
bigeorede, begirt.
biginneð (*pa. pl.* **bigunnen**), begin.
bigolen (*pa. pl.*), enchanted.
bigon, *pp.* set, adorned, infected.
biȝæten, acquisitions, spoils.
biȝeonde(n), beyond.
biȝeten, biȝiten (*pa.* **biȝat, biȝet, biȝæt**; *pp.* **biȝeten**), find, obtain, capture, beget.
bihalden (*pa.* **biheold**), look at, behold.
bihal(f)ves, *prep.* near, beside; *adv.* aside.
bihate(n) (*pa.* **bihe(h)te**), promise.
bihæste, promises.
bihedde, perceived, regarded, cared for.
bihoȝeden, took care of.
bihonged, covered.
bihoveð, behoves, suits.
bilæven, bilæf(v)en, bilave(n), bilefen, bileofven (*pa.* **bilæfde, bilafde, bilefde**; *pp.* **bilæ(f)ved, bilæived**), leave (behind), abandon, avoid, remain, stay away; **hit bilæfde,** the matter stood.
biliggen (*pa.* **bilai, bilæi, bilei**), surround, besiege.
bilive(s), quickly.
biluvien (*pa.* **biluf(e)den**), approve of; *impers.* please.
bineoðen, beneath.
binimen (*pa. sg.* **binam**, *pl.* **binomen**; *pp.* **binume(n)**), deprive, consume.
binnen, inside, within.
biræde, *reflex.* consider.
biræiuede, robbed, deprived.
biride(n) (*pa.* **biræd**), ride up to, besiege.
birle, cup-bearer, servant.
birouwen, row around, blockade.
biscop-stol, bishop's see.
bisechen (*pa.* **bis(e)ohte**), beseech, seek for.
bisiden, bisides, near.
bisie, busy, eager, zealous, worried.

bisiȝ (*imper. sg.*; *pa. sg.* **bisah, bisæh,** *pl.* **bisehȝen**), look, look to.
bismare, insult.
bisne, example, source.
bispræ dde, encircled.
bistal (*pa. sg.*; *pp.* **bistole**), stole away.
bistonde, *pp.* encompassed.
biswiken (*pa.* **biswac, biswæc**), betray.
bitacnieð, signify.
biteche, bitache, bitæche (*pa.* **bitahte, bitæhte**), give, hand over, entrust.
bitelle(n) (*pp.* **bitald**), win, gain, claim, prove.
biten, blows with a sword.
biten, devour.
biter, bitter, cruel.
bitoȝen, *pp.* employed.
bitunden (*pa. pl.*; *pp.* **bituned**), besieged, imprisoned.
bitwenen, between, among.
bitwiȝe, between.
bið. *See* **beo(n).**
biþehte (*pa. sg.*; *pp.* **biþæht**), clothed, covered.
biþenche(n) (*pa.* **biþohte**), consider, remember, bethink.
bivien (*pa. pl.* **beoveden**), shake, tremble.
bivonge, encircled.
biwæived, driven away.
biwedded, married.
biwefde, covered.
biwent, passed by.
biwinne(n) (*pa. sg.* **biwon**; *pp.* **biwunne(n)**), gain, conquer, capture.
biwiteȝen, preserve.
biwiten (*pa. pl.* **biwusten, biuusten**; *pp.* **biwust, biwiten**), guard, protect, look after; **fule biwite, ufele biwiten,** ill-conditioned.
blac, pale.
blakien, become pale.
blawen, blæwen (*pa. pl.* **bleouwen**), blow.
blæð, blaðe, naked, destitute.
blissien, give pleasure to.
bliðe(n), happy.
blodgute, bloodshed. **~stremes,** streams of blood.
bluðeliche, willingly, cheerfully.
boc, bock, book. **~fell,** parchment. **~ilærede, ~ilarede,** learned. **~spell, ~spæll,** story, history.
bode, prayer, request, message.
bodede, spoke.
bollen, bowls.
bon. *See* **beo(n).**
bonck, bench.
bond, bound fast.
bone, slayer, cause of death, harm.
bonnien (*pa. pl.* **b(e)onneden**; *pp.* **ibonned**), summon, assemble, get ready.
bord, board, table, ship.
born. *See* **bernen.**
bosme, bosom, womb.
bote, remedy.
botten, clubs.
brac (*pa. sg.*; *pl.* **breken**), broke; **up ~,** was uttered.
brad, bræd, broad, massive.
bradden, roasted.
braid, bræid (*pa. sg.*; *pl.* **brudden**), lifted, drew.
brastlien, clash.
bræd, bread.
brædden, spread.
bræde, breadth.
brechen, breeches.
brekeen, *pa. pl.* broke.
breost, breast.
breowen, bruwen, brows.
brihte, brightly.
broc, river.
brohte, brought.
brond, brand, sword.
bruden. *See* **braid.**
brugge, bridge.

bruke(n), enjoy, make use of.
brus(t)lede, bristled.
Brut (*pl.* **Brutten, Brut(t)es**; *gen. pl.* **Brutten(e)**), Briton. **~-leoden**, British.
Brut(t)isc, Brittisc, Bruttisse, British.
buȝe(n), buhȝe (*pa. sg.* **beh, bah, bæh,** *pl.* **buȝen**; *pp.* **iboȝen, ibuȝen**), bend, go, come, flee, arrive, put to flight.
buken, bellies.
bulden, build.
bur, room, bedroom. **~cniht, ~þæin**, servant, attendant. **~ward**, chamberlain.
burde, maiden, woman.
bureden, buried.
burȝen (*imper. sg.* **burh**; *pp.* **iborȝen**), save, protect.
burȝewere, citizens.
burh(ȝ), burȝ, town, city. **~-cnauen**, lads of the town. **~cniht**, knight, courtier. **~-folc, ~men**, citizens. **~ȝate**, town-gate. **~walles**, city walls.
burne (*gen.* burne), coat of mail, cuirass.
burst, loss.
bute(n), buden, unless, without, except, but, only.
buð. *See* **beo(n)**.
buven, above.

cald, cæld, cold.
canele, cinnamon.
care, kare, heed, sorrow, trouble.
castel-ȝat, castle-gate.
cæiser, kæisere, kaisere, keisere, emperor.
cærful, kareful, sad.
charren, turn round.
chæs (*pa. sg., pl.* **curen**; *pp.* **(i)coren**), chose, appointed.
cheorl, countryman, man of low rank.
chep(p)ing, market-place.
cheres, appearance.
childhad, childhood.
chireche, chir(i)che, church. **~-grið**, protection of churches.
clað(es), clothes.
clæf, cleaved, cut.
clæne, clane, glæne, *adj.* clean, pure; *adv.* completely.
clærc, clærk, scholar, wise man.
cle(o)pien, clupien, speak, cry out, address, summon.
clibbe, club, thick stick.
cliseden, glistened.
clives, cliffs.
clude, rock.
clumbe (*2 sg. pa.*; *pp.* **iclumben**), climbed.
clupte (*pa.*; *pp.* **iclupte**), embraced.
cnave, boy.
cneoli, kneel.
cneou, knew.
cneowe(n), knees.
cniht, knight, man, boy.
cniven, cnives, cnifes, knives.
coc, cook.
cole, coal.
com(e). *See* **cume(n)**.
comela, comele, hiding-place.
comp, battle.
con (*sg.*; *pl.* **cunne**; *pa.* **c(o)uðe**), know.
coren. *See* **chæs**.
cost, choice.
craft, cræft, strength, task, art, skill, stratagem.
Cristindom, Christianity, baptism.
Cristine, Cristene, Christian.
cron, crane.
crosce, crosse, fool.
crucche, crutch.
crune, crown of the head.
crupen, crept.
cudliche, familiar.
culde, struck, beat.
cule, cowl.
cume, kume, coming, approach.

cume(n) (*pa. sg.* **com(e)**; *pl.* **komen**), come; *pp.* **icume(n)**, descended.
cunde, country.
cun(ne), **kun(ne)**, kind, family, kinsmen, race.
cunne, **curen**. *See* **con**, **chæs**.
curven, cut off.
custe, manner, good quality.
custe, kissed.
cuð, well known, familiar, famous.
cuðe. *See* **con**.
cuðen, **cuððen** (*pa.* **cudde**; *pp.* **icud**), make known, announce.
cuðlæhte, greeted as a friend.
cuðliche, familiarly.
cuððe(n), **kuððe**, land, country.

daȝiȝen, **dæȝen** (*pa.* **daȝede**), *v.* dawn.
dal(e), **dæl**, part, amount, dole, alms-giving.
dæi(ȝ) (*pl.* **dæȝen**, **da(h)ȝen**), day. **~liht**, day, dawn.
dælen, **dalen**, **delen** (*pp.* **idæld**), part, divide, distribute.
dæð, **deð**, **dæd**, death.
ded(e), **dæ(a)d**, dead.
dede, deeds, actions.
deȝe, die.
deh. *See* **do(n)**.
delven (*pa. pl.* **dulfen**; *pp.* **idolven**), dig.
demen (*pp.* **idemed**), say, speak, command, judge, condemn.
denne, habitation, hollow.
deop (*comp.* **depre**), deep.
deor(e), animal(s).
deore, dear, beloved, splendid. **~liche**, lovingly. **~ling**, darling.
de(o)rne, secret.
deovel, devil.
derfulle, laborious.
dernen, conceal.
dic(h), ditch, dyke.
dihten, perform, do, practise, arrange, command, control, occupy.
disc, dish, plate.
dohter, daughter.
dom(e), judgement, decision, opinion, authority.
Domesdæi, Doomsday.
do(n) (*3 sg. pr.* **deh**; *imper.* **doh**; *pa.* **dude(n)**; *pp.* **idon**), do, make, cause, place, add; **dude on**, donned, put on; **dude of**, doffed, removed; **duden adun**, lowered; **doh awai**, remove.
drake, dragon.
drenc(c)h, **drænc**, **drinch**, drink, potion.
driȝe(n), endure, perform, carry out.
drihte(n), lord, king, God.
drihtfolke, subjects.
drihtliche, noble.
dring, servant.
drof, **draf** (*pp.* **idriven**), drove, *reflex.* advanced.
droh (*pa. sg.*; *pl.* **droȝen**; *pp.* **idraȝen**), drew, went, came, advanced, removed, led, summoned, pointed.
dronc, **drong** (*pp.* **idrunke**), drank.
dude(n). *See* **do(n)**.
duȝeðe, knights, nobles, courtiers, people, valour. **~liche**, nobly, worthily.
duhti, valiant.
dulfen. *See* **delven**.
dun(e), **~ward**, downwards.
dune, hill, down.
dunede, resounded.
dune(n), din, noise.
dunt (*pl.* **dundes**), blow.
dure, door. **~ward**, door-keeper.
durewurðe, excellent.
durre (*pa.* **durste**), dare.

e, he.
edi, happy, blessed.
efne, **æfne**, with, even (with).

eȝe, æȝe, eye.
eiȝe. *See* **æie.**
eke, also.
elc(c)h, each, every.
elleouene, eleven.
elleswhare, elsewhere.
ende, ænde, end, part of the country, direction; **an ~,** finally.
endlonge, in length.
Engle (*gen. pl.* Englene), the English.
eode(n), went.
eoldrene, *gen. pl.* ancestors'.
eorl, orl, earl, warrior.
eornest, *sb.* ardour in battle.
eorðe, earth. **~tilie,** husbandman.
eotinde, giant.
eou, you, to you.
eo(u)wer, eo(u)re, your.
erendesmon, messenger.
eðeliche, easy.
eve, eaven, evening.

fader (*gen.* **fader**), father.
faȝeden, were stained.
faȝer, faht. *See* **fæire, fehten.**
fain, gladly.
fainede, væinede, was glad.
falewe, yellow.
falewede, became dark or stained.
falle(n), fællen, feolle(n), fellen, feolen, vallen, vællen (*pa.* **feolde(n), valden, velden, velleden**; *pp.* **ifeolled, ivalled**), fell, destroy, kill, bring to naught.
fare, vare, journey, way of life, behaviour.
faren, varen (*pa.* **for**; *pp.* **ifaren**), go, advance, travel, happen.
farinde, travelling, wayfaring.
faste, vaste, væste, *adj.* immovable; *adv.* firmly, closely.
fastliche, fæstliche, firmly, vigorously, quickly.
fæchen, fetch.
fæht. *See* **feht(e), fehten.**
fæie, væi(e), doomed to die, fated; *as sb.* doomed men. **~scipe,** destruction. **~sih,** fatal journey.
fæire, faire, fær(e), faȝer, feire, væir(e), vair(e), veir(e), *adj.* beautiful, pleasant, courteous; *adv.* courteously, well.
fællen, valle, vælle (*pa. sg.* **feol, veol,** *pl.* **feolle(n), fullen, veollen, vullen**), fall, die, flow.
feden, veden (*pa.* **fedde**), feed, rear.
feht(e), fæht, feoht, fiht, vehte, battle, resistance.
fehten, fihte, vihte (*pa. sg.* **faht, fæht,** *pl.* **fuhten**), fight.
feld, veld, vald, væld, plain, field of battle.
fen, venn, lake, fen.
feoȝel. *See* **fuȝel.**
feole, veole, vale, væle, many.
feond, veond, enemy, Devil. **~liche,** *adj.* hostile, severe; *adv.* in a hostile manner, exceedingly. **~slæhtes,** slaughter of the enemy.
feore, well (cf. OE. **unfēre** 'infirm').
feormeste. *See* **formeste.**
feor(re), ver, far, at a distance.
feorðe, fourth.
feouwerti, forty.
feower-noked, four-cornered. **~tene,** fourteen.
ferd(e), færde, ver(e)de, værd(e), army.
ferde(n), verde(n), værde, went, advanced, happened.
fereden, vereden, væreden, carried, conveyed.
ferst, virst, period of time.
fiede, wrote.
fif, five.
fisc, fish.
flan, arrows.
flæme, fugitive.
flæs, flesh, meat.

fleme, flight.
flemen, flæmen, drive out, put to flight.
fleo(n), flæn (*3 sg. pr.* **fliȝeð, flihð, flicð, vlih**; *imper.* **flih**; *pa. sg.* **flah, flæh, fleh,** *pl.* **fluȝen, floȝen**; *pp.* **(i)floȝen. ivloȝen**), flee, fly, advance, move quickly.
fleoten, vleoten, float, swim.
fleoð, *3 pl. pr.* flow.
flit, dispute.
floc(ke), flokke, flock, flight, body of men.
flod, vlod, water, sea.
foȝel. *See* **fuȝel.**
folde, volde, earth.
folden, volden, wælden, cast down.
fon, seize, receive, begin, grant; **~ on,** begin.
fondien (*pp.* **ifonded, ivonded**), make trial of, seek, learn by experience.
for, vor, before, on account of, because.
for. *See* **faren.**
forbæd, restrained.
forberne, forbærnen, forbarnen, furbernen (*pa.* **furbarnde**; *pp.* **forbard**), burn, consume with fire.
forcuð, wicked, wretched.
fordeme, condemn, destroy.
fordon, vordon (*pa.* **fordude,** *pp.* **fordon**), kill, destroy.
fordut, *3 sg. pr.* prevent, put an end to.
fore, vore, age, adventure, what happened, journey.
forfaren, ~varen, kill, destroy.
forferde, destroyed, were destroyed.
forgan, *pp.* lost.
forgonne, avoid.
forheou, hewed down.
forhoȝeden, despised.
forken, gallows.
forleosen (*pp.* **forlore(n)**), lose, destroy.
forlette, let fall.
formeste, vormeste, feormeste, freomeste, first, foremost.
forn, foren, fron, forth, before, **~ aȝan,** directly opposite.
forsete (*3 sg. pa. subj.*), resisted, disobeyed.
forstod, denied access to.
forswalȝe, swallow up.
forswælde, ~swelde (*pa. sg.*; *pp.* **~swæled**), burnt up, consumed by fire.
forsworen, perjured, forsworn.
forðfare, death.
forþi, therefore.
forðriht(e), immediately, at once.
forðrihtes, vorð~, immediately, directly, thereupon.
forðward, forward.
forward, ~wærd, agreement, promise.
forworht, damaged.
forwrænen, deny, refuse.
forwundede, wounded.
forwurðe(n) (*pa. pl.* **forwurðen**), die, perish.
fosterling, foster-child, nurseling.
fræinien, ask.
Frenchis, French.
freo, free, noble. **~dom,** nobility, freedom. **~liche,** nobly.
freomeste. *See* **formeste.**
freond, friend. **~scipe,** friendship.
frið, peace.
friðien, remain at peace with.
fron. *See* **forn.**
frover, frofre, comfort, favour.
fuȝel, f(e)oȝel, voȝel, bird.
fuhten. *See* **fehten.**
fulden, feolde(n), filled (up).
fule, foully, ill.
fulien (*pa.* **vuleden**), follow.
fuliwis, indeed, certainly.

ful(le), **vul(le)**, *adj*. thorough, complete, unrestricted; *adv*. fully, very.
fullen. *See* **fællen**.
fulste, *sb*. help.
fulste(n), *v*. help.
fultum, help.
funde(n). *See* **vinden**.
fundeð (*pa*. **vundede**), sets out, goes; **vundede hine seolven**, acted.
furbarnde, **furbernen**. *See* **forberne**.
fur(e) (*gen*. *pl*. **furene**), fire.
fusen, hasten, drive away.

gadere, together.
gaderede (*pp*. **igadered**), gathered.
galder, magic.
galieð, bark, yelp.
game. *See* **gome(n)**.
gan, **gon**, go; **~an hond**, behave towards.
ganne (*pr*. *part*. **ganninde**), march, walk.
gar, **gær**, spear.
garsume, **gærsume**, **gersume**, treasure, reward.
gat, goat.
gavel, tribute.
gæst, **gast**, spirit.
genge, body of men.
gingivere, ginger.
ginn, stratagem, magic.
gladien (*pp*. **igladed**), make glad, give pleasure to.
gladscipe, gladness.
glæne. *See* **clæne**.
glæs-fat, glass vessel.
glæuest, wisest.
gleden, embers, hot coals.
gleomen, minstrels.
gleow(i)en, make songs, sing.
glit (*3 sg*. *pr*.; *pa*. *sg*. **glad**, **glæd**, *pl*. **gliden**), glides, flows, passes.
glitenede, shone, glistened.
gloven, gloves.
god (*pl*. *as sb*. **goden**), good. **~ful(le)**, good, gracious, pleasant. **~liche**, well.
goddcunde, divine nature.
gold-faȝe, gold-plated.
gome. *See* **gume**.
gome(n), **game**, merriment, jest, behaviour, absurdity, by-play; **hærd gome**, **harde gomenes**, harsh treatment. **~fulle**, jesting.
gon, **gun** (*pa*. *sg*., *pl*. **gunnen**), began, did.
gon. *See* **gan**.
graning, groaning.
græið(i)en, **greiðen**, prepare, prepare for, cause.
græt, great, mighty.
græten (*pa*. **gratte**, **grette**), greet.
græting, **greting**, greeting.
grim(m), angry, fierce, hostile. **~liche**, fiercely.
gripe, griffin, vulture.
gripen, assaults, encounters.
gripen, gripped.
grisliche, terrible.
grið, **grit**, peace, protection.
griðien (*pp*. **igriðed**), protect.
grome, grief, anger.
gromien, enrage, become angry.
grund, ground, bottom, foundation, hold (of a ship).
grundliche, great.
guldene, golden.
gullen, resound.
gult, guilt, offence.
gume, **gome** (*gen*. *pl*. **gumene**, **gumenen(e)**), man.
gun(nen). *See* **gon**.
gurede, armed.

ȝaf, **ȝæf**. *See* **ȝeven**.
ȝare, formerly, long ago, for a long time.
ȝar(e)kien, prepare.
ȝaru (*pl*. **ȝarewe**, **ȝærewe**), ready.
ȝærewitele, quick-witted.
ȝæsle, **ȝæt(e)**. *See* **ȝisle**, **ȝet(e)**.

ȝæt(e), ȝate, ȝete, gate, home. **~essel,** gate-bolt. **~ward,** gatekeeper.
ȝe, you.
ȝeddien, speak.
ȝelp, ȝælp, boast.
ȝeme, pay heed to.
ȝeoȝeð, young man.
ȝeomer, wretched, unpleasant.
ȝ(e)ond, ȝeon, through, throughout, beyond, among, across.
ȝeong, ȝung, young.
ȝeongen, *sb.* course; *v.* go.
ȝeorne(n), eagerly.
ȝe(o)rnen, ȝirne(n) (*pa.* **ȝerden**), ask for, inquire.
ȝeoten (*pa.* **ȝeoten**), pour, shed.
ȝepe, active, bold.
ȝerden, (blow of a) stick.
ȝere, year.
ȝerstendæi. *See* **ȝurstendæi.**
ȝet(e), ȝæt(e), þa ȝet, þa ȝæte, þe ȝæte, yet, still.
ȝeven, ȝefen, ȝeoven, ȝive(n), ȝif(v)e(n) (*pa. sg.* **ȝaf, ȝæf, ȝef,** *pl.* **ȝe(f)ven, ȝifen**), give, hand over to.
ȝif, if.
ȝilt, pays.
ȝim-ston, precious stone.
ȝisle, ȝæsle, hostage.
ȝit, you two.
ȝiven, gifts.
ȝiveðe, ȝifðe, ȝeveðe, given, allotted.
ȝung. *See* **ȝeong.**
ȝurren, whirred, jarred.
ȝurstendæi, ȝerstendæi, yesterday.
ȝuse, yes.

habben (*3 sg. pr.* **hæf(e)ð, hafeð, hæfveð,** *pl.* **habbeoð**; *pa.* **hæf(v)ede, hafede, he(f)de**), have, receive.
hahȝel, hail.
hahte. *See* **hate.**
hail, healthy, safe.
hailede, saluted, drank a health to.
hal, whole, well, prosperous.
halden, hælden (*2 sg. pr.* **halst**; *imper. sg.* **halt**; *pa.* **heold, huld**), hold, keep, rule, accept, fight, remain faithful; **heolden mid,** maintained allegiance to.
halden, hælden (*pa.* **halde, hælde, he(o)lde**; *pp.* **ihælde**), go, advance, arrive.
hale, cure, remedy.
halede, dragged.
haleȝede, blessed, sanctified.
haleð, man.
haleweiȝe, healing.
half, halve, helve, part, side.
halfendæl, halvendæl, half.
halȝen, saints.
halȝien, bless, sanctify.
hali, holy. **~dom,** holy relic.
halle-dure, hall-door.
ham, home.
happ, event.
harpien, play on the harp.
haste, *sb. pl.* commands.
hate, hæte (*3 sg. pr.* **hat**; *pa.* **hahte, hehte, hæhte, hæhde, hæt**; *pp.* **ihate(n), ihoten, hatte(n)**), command, be called.
havek, hævek, hawk.
haven, hafen, harbour.
haxst. *See* **heȝe.**
hæfd, hæf(v)ed, haf(e)d, hæved, head. **~men,** men of highest rank.
hæf(e)ven, heaven.
hæfð, hæf(v)ede, hæf(v)eð. *See* **habben.**
hæȝ(e), hæh(ste). *See* **heȝe.**
hæȝen, increase.
hæhde. *See* **hate.**
hæhȝe. *See* **heȝe.**
hæhliche, bravely.
hæle, helen (*pp.* **ihaled**), set to rights, heal.
hælp, halp, help.

hælpen, halpen, heolpen (*pa.* **hulpe**), help, avail.
hær, grey.
hær, ær, here.
hærcnien, harcnien, hercne, hærne, listen (to).
hærd, hard, herd, brave. **~liche,** valiantly, violently.
hærȝede, laid waste.
hærm, herm, harm, misfortune.
hærsume, obedient.
hæðenesse, heathen lands.
hæuwen (*pa. pl.* **heowen**), hew, dig, strike blows.
hæwere, spy.
hæxte. *See* **heȝe.**
he, hæ, he, it.
hebben (*pa. sg.* **hof, hæf,** *pl.* **he(o)ven, hoven**), lift, raise, elect.
hedden, looked at.
hede, hefde. *See* **habben.**
heȝe, hehȝe, hæh, hæȝ(e), hæhȝe, hah, ha(h)ȝe (*superl.* **hexst, hæhst(e), hæxte, hahste**), *adj.* high, of high rank, noble, great, outstanding, loud; *adv.* highly, on high, greatly.
hehliche, very.
hehte, helden. *See* **hate, halde(n).**
helede (*pp.* **ihæled**), concealed, covered.
helm, hælm, halm, helmet.
hende, hænd(e), fair, courteous, pleasant.
hene, hæn(e), poor, wretched, worthless.
heng. *See* **hongie(n).**
hente, seized.
heo, hoe, ho, a, (h)i, she, her, it, they, them.
heoȝede, thought.
heold, heolde(n). *See* **halde(n).**
heolpen. *See* **hælpen.**
heom, them, to them. **~seolven,** themselves.
heomward, homewards.
heond. *See* **hond.**
heon(e)ne, hence.
heorte (*gen.* **heorte**), heart, mind.
heou. *See* **hu.**
he(o)uwe, appearance, complexion.
heoven, heowen. *See* **hebben, hæuwen.**
hepe, army.
herbeorwe, lodging.
here, (1) *sb.* hair shirt; (2) *v.* obey.
here, heore, hæore, hire, *pron.* her, their.
herefore, for this reason.
here-gume, hære-gume, ~kempe, ~þring, soldier, warrior. **~dring,** lord. **~ȝeonge,** expedition. **~mærke,** standard.
heren, invading army.
heren, hær(i)en, praise.
herm. *See* **hærm.**
herof, of it.
heron, on this matter.
her-riht(es), here, immediately.
hes, his.
hete, hæte, hatred, strife.
heðene, hæðene, heathen. **~scipe,** heathendom.
hidere, hither.
hiȝen(d)liche, quickly.
hiȝing, speed; **an ~e,** quickly.
himseolven, himself.
hine, ine, him, it.
hired(e), he(o)rede, court. **~childeren,** children. **~cnaven,** servants. **~men,** courtiers.
hit, it.
ho. *See* **heo.**
hod, hood.
hof. *See* **hebben.**
hoker, scorn, derision. **~ien,** deceive. **~liche,** scornfully. **~worden,** derisive words.
holde, faithful, loyal.
hol(le) (*pl.* **holȝes**), hole.
holm, hill.
holt, wood.

hom, them.
hond, heond, hand, possession; **an honde**, favourably; **an hond**, soon, 3281; **eoden an hond**, resisted, 3643.
hongie(n) (*pa.* **heng**), hang, be hanged.
hore, whore.
horsebere, horse-litter.
hoven. *See* **hebben.**
hu, heou, how.
huden (*pa.* **hudde**), hide.
hufele. *See* **ufel(e).**
huȝe, appearance, features.
huld. *See* **halde(n).**
hul(le), hill.
hulpe. *See* **hælpen.**
hund, hound, dog.
hunte, huntsman.
husting, meeting, counsel.
huxworden, scornful words.
hwulche, which.

For verbal forms in **i-** not entered below see the verbs without the prefix.

i, in.
i. *See* **heo.**
ibalded, encouraged, emboldened.
ibeot, boast.
iberen, behaviour, clamour.
ibereð, behaves.
ibidde, ibedde, pray (for).
ibide(n) (*pa. sg.* **ibæd**; *pp.* **ibide(n)**), suffer, endure, wait, survive, experience.
ibirsted, burst open.
iblæcched, blackened.
ibringen (*pp.* **ibroht**), bring.
ibroide, woven.
ibroðeren, brothers.
ibrugged, bridged.
ibude, abode, dwelling.
ibunden, bound, imprisoned, constrained.
iburnede, armed with corselets.
iburst, enraged.
iburstled, bristled.
ibuten, in the neighbourhood of.
ich, I.
icnawe(n) (*pa. sg.* **icneou**, *pl.* **icneowen**; *pp.* **icnawen, icnowen**), know, acknowledge, recognize.
icunde, (1) *adj.* suitable, rightful; (2) *sb.* nature, right, heritage, native land.
ideoped, made deep.
iderved, troubled.
idihte (*pp.* **idiht(e)**), bring, arrange, equip, decree, send, divide, write, instruct.
idracched, hurt, injured.
idubbed, beaten.
idude (*pa., pp.* **ido(n)**), did, finished, accounted for, equipped, came to pass; **wel idon(e)**, good, in good order.
ifa (*pl.* **ifan, ivon**), enemy.
ifæied, ivæid, at enmity.
ifeond, enemies.
ifeore, ivure, ivurn, *adj.* former, remote; *adv.* in the distant past.
ifinden (*pp.* **ifunde(n)**), find, hear.
ifreoied, set free.
ifreovred, ifrov(e)red, pleased, comforted, cured.
ifulled, filled.
ifusen, drive, condemn.
igan (*pp.* **igon, igan**), come to pass, go, elapse.
igastliche, strangely.
igon, igan, began; **~ mete**, met.
igrap, seized.
igraven, cut, engraved.
igreten, igræten, igraten (*pa.* **igratte, igrætte**), greet, treat, attack; **ufele ~**, attack.
igripen, gripped, seized.
iȝefven, gave.
iȝel, cry.
ihad(d)ed, in holy orders, having taken the veil.

ihalden (*pp*. **ihalden, iholden**), sustain, keep, consider, support, withdraw.
iharmede (*pp*. **ihærmed**), afflicted, injured.
iheoven, raised, elected.
ihere (*pa*. **ihærde**), hear, obey, acknowledge as lord.
ikahte, caught.
ikenne, recognize.
ilaðede, invited.
ilæde, ilædden, emptied out.
ilær, empty.
ilæred(e), learned.
ilæsten, ilasten (*3 sg. pr*. **ilast**; *pa*. **ilaste, ileste**), last, suffice, perform.
ilenge, continue one's journey.
ilete, let (of blood).
ileve(n), ileoven (*pa*. **ilefde, ilæfde**), believe.
iliche, like, alike.
ilimpen (*pa*. **ilomp**; *pp*. **ilumpe**), befall, happen.
ilke(n), same.
ilome, frequently.
ilong, dependent; **whæron hit weore ~**, what was the reason.
ilustned, listened to.
imaked, made.
imaken, images.
imane, companion.
imætte, imette, *impers*. dreamt.
imete(n) (*pa*. **imette**), meet, find.
imeten, measured.
imetliche, great.
imiht, strength, power.
imilze, have pity.
imong, in, among; **~ þat**, while.
imunen, remember.
inc, to you two.
ine. *See* **hine**.
inȝeong, entry.
iniðered, disgraced, ruined.
inne, dwelling, resting-place.
innen, inside.
inoȝe, inowe, enough, plenty.
into, as far as, in possession of.
iqueme, pleasant, welcome.
iquemed, pleased.
iræd, happened, befallen.
ire, angry.
irihte(n), rights, dues.
irne(n) (*pa. sg*. **orn**, *pl*. **urnon**), run.
is, his.
iscire, say.
iscop (*pp*. **iscæpen**), created.
iscriðen, *reflex*. went.
iscrudde (*pa*.; *pp*. **iscrud**), clothed.
isechen (*pa*. **isohte**), seek, attack.
iseiden (*pa. pl*.; *pp*. **isæ(i)d**), said, spoke.
isemed, was seemly.
isemeliche, beautifully.
iseo(n) (*2 sg. pr*. **isihst, isixst**; *3 sg*. **isih**; *pa. sg*. **isah, isæh, iseh**, *pl*. **isaȝen, ise(h)ȝen, iseiȝen**; *pp*. **isæȝen**), see.
isiȝen (*pp*. **isiȝen**), come, come to pass, descend.
isihð, sight.
ismitte, rubbed, smeared.
isome, together, assembled.
ispæcken (*pa. sg*. **ispac**, *pl*. **ispecken**; *pp*. **ispeken**), speak (together).
ispædden, fared.
istonden (*pp*. **istonden**), stand, remain in force.
istreon, race, family; **of his eoldrene ~**, belonging to his family.
isund, *sb*. safety; *adj*. healthy, well.
isungen, sung.
isunken, drowned.
iswaved, asleep.
iswenche, afflict, grieve.
isworen, sworn.
iswunten, discouraged.
itælded, pitched.
itimbred, plotted, brought about.
itimed, come to pass.
iþæh, thrived.
iþenche (*pp*. **iþoht**), think (about), intend.

iðoȝe, instructed.
iþolien, suffer, endure.
iþraste, thrust.
iunne(n), **iunnæ** (*pa.* **iuðe**; *pp.* **iunnen**), grant.
iva (*pl.* **ivan**), enemy.
ivaren, gone, fared, come to pass.
ivast, *pp.* fasted.
iveng (*pa.*; *pp.* **ifon**), seized.
ivere, **ivære**, **ivare**, **ifere**, companion.
ivorþe, perform, make good.
ivræmmed, performed.
ivulȝed, baptized.
iwakien, waken.
iwalden, have power over.
iwarre, aware, watchful.
iwarðeð, *reflex.* becomes angry.
iwæst, laid waste.
iwede(n), clothes, armour, trappings.
iwende(n), expected.
iwenden (*pa.* **iwende**; *pp.* **iwende**, **iwent**), go (away).
iwepnen, weapons.
iwhær, **iwære**, everywhere.
iwildel, in every respect (OE. **gehwilc+dǣl**).
iwil(le), *adj.* pleasant; *sb.* pleasure, desire, object of desire.
iwinne(n), gain (possession of).
iwis, certainly, indeed; **mid iwis(se)**, certainly; **to iwisse**, for certain.
iwislichen, certain.
iwit, understanding.
iwiten, know.
iwiten (*pa. pl.* **iwiten**), go (away), [die.
iwitterli, indeed.
iworhte, **iwrohte**, did, built, caused.
iwræððed, enraged.
iwurðe(n) (*pa. sg.* **iwærð**, **iwarð**, **iwrað**, *pl.* **iwurðen**, **iwurden**; *pp.* **iwurðen**), become, be, come to pass, come to an agreement, happen, accomplish; **iwarð him to**, became.

kempe, warrior.
kende, uttered.
kene (*superl.* **kennest**), brave. **~liche**, bravely, boldly. **~scipe**, courage.
kenne, (1) recognize, (2) give birth to a child.
keppe, champion.
kineærd, **~dom**, **~lond**, **~riche**, kingdom. **~bern**, royal child. **~helm**, **~halm**, crown. **~lauerd**, king. **~þeoden**, subjects. **~wurðe**, royal, excellent.
kiniborne, of royal birth.

See also under **c-**.

la, lo.
lac, gift.
ladliche (*comp.* **ladluker**), *adj.* loathsome, hateful; *adv.* cruelly, grievously.
laȝe, **læȝe** (1) *sb.* law, authority, custom (= blow 2961); (2) *adj.* poor, low.
lai. *See* **ligge(n)**.
lare, advice.
lasse, **læsse**, less.
laste, least.
late, later, then.
lates, **læten**, **letes**, looks, behaviour.
latten. *See* **lete(n)**.
lað, **læð**, *adj.* hostile, hateful, unwelcome; *sb.* evil.
laðspæl, bad news.
lave, remainder; **to ~**, left.
lave. *See* **lefven**, **leove**.
laverd, **lavered**, **læverd**, lord, husband. **~swike**, traitor.
læc, came, approached.
læden, lead, take; *reflex.* behave.
læfdi, **lafdie**, **lævedi**, **lavedi**, lady.
læh, **læi**, **læide.** *See* **liȝe**, **ligge(n)**, **legge(n)**.
læn, reward, recompense.
læne, lean, thin.

læs. *See* **leos(i)en, lese.**
læðe, hostility.
læven, leave.
leche, læche, physician. **~craft,** magic, remedies.
leches, læchen, looks, glances.
lechinien, lacnien, heal.
leden, leode, lade (*pa.* **ladde**; *pp.* **ilad, ilæd(den)**), lead, remove, carry.
leerstowe, burial-place.
lefven, lave, belief.
legge(n) (*pa.* **leide, læide**; *pp.* **ilæid**), lay, build, add; **ilæid adun,** killed.
leien. *See* **ligge(n).**
leitede, glanced.
leme. *See* **limen.**
leng, longer.
lengere, longer.
leo, liun, lion.
leod, ~e(n) (*gen. pl.* **leodene**), people. **~ferd,** army. **~king,** king. **~liche,** national. **~runen,** incantations. **~spelle,** history. **~swike,** traitor. **~wisen,** subjection.
leode. *See* **leden.**
le(o)f, leofve, le(o)ve, dear, beloved.
leofden, loved, approved of.
leoflich, pleasant, loving. **~e,** lovingly.
leofmon, wife, lover.
leoft, lift, left.
leome, beam of light, flame.
leond-cnihtes, knights.
leos(i)en (*pa.* **les, læs**; *pp.* **ilore(n), ileosed**), lose.
l(e)oten, lots.
leoð, song.
leoðe, loosen.
leove, lave, leave, permission.
lepen (*3 pl. pr.* **leppeoð**; *pa. sg.* **leop,** *pl.* **leop(p)en**; *pa. sg. sjv.* **leope**), leap, rush, escape, burst.
lese, læs, *adj.* false; *sb.* falsehood.
les(s)inge, læs(s)inge, falsehood.
lete(n), læten, latten (*2 sg. pr.* **lezst**; *pa.* **lette, lætte**), allow, leave, cause, command, think.
letteð, prevents.
libben, livien (*pa. pl.* **leoveden**), live.
licame, body.
liche, body. **~raste,** burial-place.
licoriz, liquorice.
lifdæȝen, life; **idon of ~,** killed.
ligge(n), ligen (*3 sg. pr.* **lið,** *3 pl.* **ligeð**; *imper.* **liȝ**; *pa. sg.* **læi, lai,** *pl.* **leien**; *pp.* **ileien, ilæien**), lie, remain.
liȝe (*pa.* **læh**), tell lies.
lihȝen (*pa. sg.* **loh,** *pl.* **loȝen**), laugh.
lihte, bright.
lihten, light, daylight.
likeð, pleases.
lim, lime.
limen, leomen, lumen, leme, limbs.
list, skill, cunning.
liðe, gentle, pleasant.
liðe(n) (*pp.* **iliðen**), go, come, pass.
liðerlic, badly.
liun. *See* **leo.**
live, life; **on ~,** alive.
lockes, locks (of hair).
lof, praise.
lofes, luffs.
loh, lowly.
loken, enclosure.
lok(i)e, look, take heed, watch.
lom(m)e, lame, sick.
londfolc, people of the country.
longe, long; **swa ~ þat,** until.
longe(n), long (for); **þe longeð,** you long.
longi, bring, summon.
losie(n), lose.
loten. *See* **l(e)oten.**
lude, loudly. **~ and stille,** in all circumstances.

luden, noise.
luding, clamour.
luft, sky, air.
luken, drew, dragged.
lumen. *See* **limen**.
lure, loss.
lust(e) (*pa. pl.* **lusten**), listen (to).
lute, few, small.
lutie, lie hidden.
lutle, little, short.
luðer(e), *adj.* hateful; *sb.* wicked people; *adv.* in a hostile manner.
luve, lufe, love, affection.
luvien (*pa.* **lufede**), love.

ma, more.
machun(n)es, machines.
maȝe, kinswoman.
maȝen, mæȝen, muȝe (*pa.* **mahte(n), mæhte(n), mihte(n), miste**), may, can.
mahmes, treasures.
maht, mæht, miht, army, strength, magical property.
main, mæin, force, strength.
man. *See* **mon**.
answore, perjured.
mare, mære, greater, more.
marȝen, marwe, morning.
marke, mærke, standard.
mæh, urinated.
mæhti, of high rank.
mæi(e), kinsman.
mæinen, say, meditate.
mæl, meal.
mære, mere, mern, mare, famous, noble, excellent.
mæst, mast.
mæst, mest, greatest.
mæste, fruit of beech or oak.
me. *See* **mon**.
mede, reward.
mengde, meinde (*pa. sg.*; *pp.* **imenged**), troubled, was troubled, mingled.
merden, injured.
mere, mære, lake.
mete, mæte, food.
metecusti, generous.
meðegie, restrain, make moderate.
mid, with, by means of.
middelærd, world. **~niht**, midnight.
middenerd, world.
midderniht, midnight.
midfesten, Mid-Lent.
miht, mihte(n). *See* **maht, maȝen**.
mil(d)ce, mil(d)ze, milzce, mercy, compassion.
milde, gentle, merciful. **~scipe**, gentleness. **mildheorte**, gentle.
miseolf, myself.
miste, missed.
miste. *See* **maȝen**.
mod, mind, heart, courage.
moder, mother.
mon, man, me (*gen. pl.* **monne**), man, one. **~cun(ne), ~kun**, mankind. **~scipe**, valour, honour. **~uered, ~uerde, ~weored**, army, people.
moni, many. **~ ane, ~ are, ~ enne**, many a.
morȝenliȝt, dawn.
morð, death, murder. **~spell**, murder, murderous plot.
morvenne, moorland fen.
mote(n) (*pa.* **most(e)**), may, can, must.
muche(l), muchæl, mucchel, mucle, great, large; **~es**, to a large extent.
muȝe. *See* **maȝen**.
mund, (1) protector; (2) hand, palm (as measure of length).
mun(e)chene, nun.
mune(c)k, monk.
muneȝede, urged.
muneð, month.
munstre, monastery.
munt, hill, mountain.
murhȝe, mirth, joy.
muri(e) (*comp.* **murgre**), pleasant, happy.

murne, sad.
murne (*pr. p.* **murnende**), mourn.
murðren, kill.
muð, mouth.

na, no, no, not, nor; **na . . . no**, neither . . . nor.
nah (*pa.* **nahtes**), ought not.
nalde, nælde, would not.
nan, very soon.
nan(e), non (*acc. sg. m.* **nænne, nenne**; *dat. sg. f.* **nare**), no, none.
nas, næs, nes, was not.
nat, næt (*2 sg.* **nast**; *pa.* **nuste**), do not know.
naðeles, neoðeles, nevertheless.
nað(ð)ing, nothing, by no means, at all.
naver(e), navære, næver(e), nevere, never.
navermare, never again.
nawhit, nawiðt. *See* **nowiht.**
næfde, nefde, had not.
næi, nay, no.
næstieð, make their nests.
ne, nor, not.
neb(be), face.
neh, nieh, near, beloved, near by; **wel ~**, wellnigh.
nemnede, named.
neodde, compelled.
neode, need, necessity. **~liche**, earnestly, forcibly.
neor, nearer.
neore(n), was not, were not.
neo(u)ðer, nouðer, neither.
neouwe(n), *adj.* new; *adv.* newly.
nexte, nearest, most urgent.
niȝe(n), nine.
niht, not.
nihtlonges, for the space of a night.
niker, water-monster.
nimen (*pa. sg.* **nom**, *pl.* **nomen**; *pp.* **inume(n), inomen**), take, acquire, put, summon, seize, capture.
nis, is not.
niðer, down.
niðing, villain.
no. *See* **na.**
noht, not, nothing.
nom(en), non. *See* **nimen, nan(e).**
non(e), noon, midday meal.
nouðer. *See* **neo(u)ðer.**
nowiht, nawhit, nawiðt, nothing.
nu, now.
nulle (*pa.* **nulde**), will not.
nuste(n). *See* **nat.**

of, *prep.* out of, from, with, concerning, by reason of; *adv.* off.
ofcunnen, despise, hate.
offæred, frightened.
offulled, filled.
oflæien, weary with watching.
oflonged, filled with longing.
ofsende, send for.
ofsloh (*pa. sg., pl.* **ofsloȝen**; *pp.* **ofslaȝen**), killed, struck off.
oftoc, overtook.
ofþuhte, vexed, troubled.
oht, ocht, valiant, seaworthy. **~liche**, bravely.
on, a.
on, grant, wish.
onfest. *See* **anfest.**
onfon, receive, begin.
onlicnes, image.
onlongen, by the side of.
onsloȝen, attacked.
onsohte, attacked.
onvæst. *See* **anfest.**
onwald, power, possession.
ord, point, beginning.
orf, cattle.
orl, orn. *See* **eorl, irne(n).**
oðer, *pron.* another, second; *adv.* otherwise; **on ~**, otherwise; **þe ~ . . . þe ~**, one . . . the other.
ovenan, on, over.
overal, everywhere.
overbræd, covered.

overcumen (*pa.* **overcom**), defeat, win.
oversah, saw, surveyed.
ovest, speed; **an oveste**, quickly.

palle, **pælle**, canopy, costly garment.
paðes, paths, roads.
Peohtes, Picts.
picforcken, pitchforks.
plaȝe, **plæȝe**, **ploȝe**, game, sport. **~iveren**, playfellows.
pleien (*pa.* **plaȝede**), played; **plaȝede mid wordes**, talked foolishly.
pliht, guilt, offence.
plihten, plighted, pledged.
pole, pool.
preost, priest.
pruden, **prute**, pride, splendour.
pruttest, proudest.
pund, pound.
put(t), pit.

quakien (*pa.* **quehte**), shake, tremble.
quartern, prison.
quað, **quæð**, **quæd** (*pa. sg., pl.* **queðen**; *pp.* **iqueðen**), said.
quellen (*pa.* **qualde**), kill.
quic(ke), **quik(e)**, living, alive. **~liche**, quick, speedy.
quides, speeches.

rakeden, rushed.
raketeȝe, chain.
rap, rope.
raðe, **ræðe**, quickly.
ræchen, **racche**, encounter.
ræd, **rad**, plan, consultation, thought, wisdom, help, advice, control.
ræd (*pa. sg., pl.* **riden**; *pp.* **iriden**), rode.
ræd, **reod**, red.
ræde(n), **rede(n)**, **raden** (*pa.* **radde**; *pp.* **irad**), read, advise, rule; *reflex.* consider, take counsel.
ræh, **ræi(ȝ)e**, **ræȝe**, **raie**, **ræhȝe**, **reh(ȝ)**, brave, bold, angry. **~liche**, fiercely. **~scipe**, boldness.
ræhte(n), spoke, uttered.
ræmen, hang.
ræren, erect, build.
ræse, *v.* rush; *sb.* onset, attack.
ræsten, rest, remain.
recche(n), **rehchen**, **ræche** (*pa.* **rohte**), care, heed, care about.
red, prompt.
redȝeue, **redȝiue**, counsellor.
rehten, proceeded.
rein, **ræin**, rain.
reod. *See* **ræd(e)**.
reode, **ræode**, reeds.
reordien, speak.
reosen, fall.
reouliche, **reolic(he)**, *adj.* sad, cruel, wretched; *adv.* miserably.
reo(u)sede, grieved, had compassion.
reouðe, grief, sorrow, calamity.
reouwen, cause sorrow.
reve, reeve, official.
ric(c)he, **rihche**, *adj.* powerful, noble; *as sb.* leading men; *adv.* powerfully.
riche, land, kingdom. **~dom**, royal power.
riden. *See* **ræd**, *pa. sg.*
ridere, **ridære**, horseman.
rift, veil.
riht, *adj.* just, due; *sb.* right, due; *adv.* correctly, directly.
rihte(n), prepare, perform, cure.
rihtes, indeed.
rimie, fierce, exulting.
rine, *v.* rain.
rive, rife, widespread.
rixlien, rule.
rode, cross.
rohten. *See* **recche(n)**.
Romanisce, Roman.

Rom(e)leoden, Romans.
rop, outcry, lamentation.
rugge, back, backbone.
rumde, prepared.
run(e), counsel, discussion, rumour.
rune(n), take counsel, expound.
ruokeden, cleaned 3408 n.
rusien, shake, give way.

sa. *See* **s(w)a.**
sad, satiated, weary.
sadelie, *v.* saddle.
saule, sæule, soul.
sæ, sa, se, sea. **~brimm, ~strond,** seashore. **~cliven,** cliffs. **~flod,** sea.
sæhten, friendship, amity.
sæhtnusse, sæhnesse, sahtnesse, reconciliation.
sæ(i)de, sæie, sæið. *See* **sugge(n).**
sæilien, seilien, *v.* sail.
sæilrapen, sail-ropes.
sær, sar, *adj.* diseased, sorrowful; *sb.* grief.
sære, sorely, grievously.
særi, sari (*superl.* **særȝest**), grieved, sad.
særinæsse, grief.
sæx, knife.
Sæxes, Sæxen, Saxes, Sexes, Saxons.
Sæxisce, Sexis(c)e, Saxon.
scaf. *See* **scuven.**
scaft, scæft, shaped.
scal (*pl.* **scullen, sculleð, swullen**), shall, will, ought to.
scalc, scalk, man.
scame. *See* **scome.**
scamoiene, scammony.
scanen, break.
scar. *See* **sceren.**
scare, scorn, contempt.
scarn, scorn.
scarp, scærp, scerp, sharp, biting.
scaðe, harm.
scæft, spear.
scæn. *See* **scine.**
sceld, shield. **~trume,** phalanx.
scelde, protected.
scenc(h), drink, draught.
scencheð, pours out.
scende(n) (*pa. pl.* **scenden**; *pp.* **iscend, iscænd**), injure, humiliate, insult, be damaged.
sc(e)one, scen, beautiful, excellent.
sceort, short.
sceoven. *See* **scuven.**
sceoweden, examined, displayed.
sceren (*pa. sg.* **scar,** *pl.* **sceren**), shave, trim.
scine (*pa.* **scæn**), shine.
scip, ship. **~ferde,** navy. **~men,** sailors.
scipien, provide.
scire(n), speak, utter.
scoiden, *pa. pl.* shod (of horses).
scome, sceome, scame, shame. **~liche,** shameful.
scomien, humiliate.
sconde, disgrace, humiliation.
sconk, leg.
scop, created.
scop, minstrel.
Scot, Scot; **~leode, ~þeode,** Scots.
scotien, shoot.
scriðen, go, fly.
scrude, clothes.
scruden, clothe.
sculdre, shoulder.
scullen. *See* **scal.**
scuven (*pa. sg.* **scaf,** *pl.* **scuven, scufen, sceoven**), push, drive, set out.
sechen, sæchen, seek.
segges, men.
seide. *See* **sugge(n).**
seil, sail.
seint, saint.
selcuð, sælcuð, seolcuð, seolkuð, strange, outstanding.
sel(e), sæl, seol, *adj.* excellent, noble, joyful; *sb.* happiness, good fortune, health.

selehðe, seolðe(n), happiness, good fortune.
sellic(he), sællic, seollic(he), *adj.* wonderful, strange, numerous; *sb.* marvel; *adv.* marvellously, very much.
sende (*pa.*; *pp.* **isend**), sent.
seo, be.
seoc(k), suc, ill; **seocken**, sick person. **~nesse**, illness.
seolf, seolve(n), self, himself.
se(o)lver, silver.
seone. *See* **sune.**
seoððe(n), seoðe, *adv.* then, afterwards; *cj.* since.
seoven(e), seo(f)ve, seven.
seoventene, seventeen.
set (*pa. sg.*; *pl.* **set(t)en, sæten**; *pp.* **iseten**), sat, befell.
setle, sættel, throne.
setten, sætten (*pa.* **sette, sætte**; *pp.* **iset(te), isæt**), set, give, create; **sette an honde**, gave.
sibbe, peace.
siden, widely; **widen and ~**, far and wide.
siȝecraften, powerful skill.
siȝen, syȝe, victory, success.
siȝen, come, go, descend.
siht, sight.
sinde, sonden, sunde(n), sunde(ð), are.
sið, journey, time.
siðen, go.
skenting, amusement, dalliance.
sladė, valley.
slæht, battle.
slæ(n), slan (*pa. sg.* **sloh**, *pl.* **sloȝen**; *pp.* **islaȝen, islæȝen**), strike, kill, pitch (of tents).
slæpen, sleep.
sloȝen, sloh. *See* **slæ(n).**
slume(n), doze.
smat, smæt (*pa. sg.*; *pl.* **smiten**), struck.
smærte, smart.
smiten. *See* **smat.**
snawe, snow.
snell, snæll, brave.
soft(e), *adj.* gentle, pleasant, unharmed; *adv.* gently, quietly.
solh (*gen. pl.* **sulȝene**), plough.
somed, together.
somne, sumnien (*pp.* **isomned**), summon, assemble.
somrune, consultation.
sonde, messenger.
sonden. *See* **sinde.**
sone, immediately; **~ (swa)**, as soon as.
sorȝe(n), sorhȝen, sorreȝe, sorrow, illness. **~ful**, sorrowful.
sottes, fools.
soð, suð, *adj.* true; *sb.* truth; **to soðe**, in truth. **~fæst**, true, faithful.
spac, spæc. *See* **spe(c)ken.**
spæche, specche, speech.
spæken. *See* **spe(c)ken.**
spærc, spark.
spe(c)ken, spæken (*pa. sg.* **spac, spæc, spec**, *pl.* **speken**), speak.
spedeð, fare, succeed.
spel(l), speech, story; *pl.* fate.
spere, spære, spear.
spilede, spoke.
spillen, destroy.
spit, fin-spine of a fish.
sprengen, sprang.
spurie, spur on.
stafn. *See* **steven.**
stal, position; **~ wrohte**, made a stand.
stan, stone.
stanene, made of stone.
stant. *See* **stonde.**
staþe, bank, shore.
staðel, place.
staven, tracings, markings.
stænt. *See* **stonde.**
stede, steed.
stele, steel.
stelen, steal.
stelene, made of steel.
steormen, steersmen.
stepen. *See* **stopen.**

sterk, ste(o)rc, stærc, strong, bitter. **~e,** firmly. **~liche,** violently, vigorously.
sterre, star.
steven, stæven, stefen, stæfn, stef(t)ne, stafne, voice, speech, sound.
stiȝen, paths.
stikeden, pierced.
stille, *adj.* quiet; **beon ~,** offer no resistance; *adv.* silently, softly; **~liche,** silent.
stið, strong. **~imode, ~imodede,** brave.
stiward, stiwærd, steward.
stonde (*3 sg. pr.* **stont, stant, stunt, stænt**), stand.
stopen, stepen, advanced, stepped, mounted.
stor, large, great.
stræm, stram, river.
strehte, strahte, stræhte, stretched, extended.
streit, hostile.
strengen, rays.
strengest, strongest.
stren(g)ðe, strength.
streon(i)en, beget.
strete, straten, streets.
striden, extend, spread.
striken, cut, shave.
strond, shore.
stronge, strengthen.
stucchen, pieces.
stude, place; **~ haldeð,** remains.
stund(e) (short) space of time.
stunt. *See* **stonde.**
sturien, move, rule, handle, be raised, be employed, get up.
sturmden, attacked.
sturne, stern, severe, fierce. **~liche,** fiercely.
suc. *See* **seoc(k).**
suden, *pa. pl.* boiled.
sugge(n), sugen (*3 sg. pr.* **sæið**; *imper. sg.* **sæie**; *pa. sg.* **sæ(i)de, seide**), say, speak.
suggen, sang.
sukende, sucking.
sulȝene. *See* **solh.**
sum, one; *pl.* **summe,** some.
sumnien. *See* **somne.**
sund, (1) *adj.* safe, sound; *sb.* health; (2) swimming.
sunde(n), sundeð. *See* **sinde.**
sune, sunæ, seone, son.
sunne, sun. **~lihte,** light of the sun.
sunnen, sins.
suster, sister.
suð, ~ward, south.
suð. *See* **soð.**
s(w)a, thus, so, also, as.
swart, black.
swat, sweat.
swælden, were burnt up.
swærkeð, grow dark.
swæting, sweating.
swein, servant.
swelten, die.
swenche, afflict.
swenien (*pa.* **sweinde**), strike, hang.
sweord, sw(e)ored, swærd, sword.
sw(e)ore, neck.
swe(o)vet, sleep.
sweten, sweat.
sweven, dream.
swiȝeden, were silent.
swikedom, treachery.
swikel(e), treacherous.
swike(n), traitor.
swiken, act treacherously.
swinc(che), labour, toil.
swipen, blows.
swippen, strike.
swiðe, swuðe, very, very much, quickly. **~licche,** very.
swiðren, right.
swulc(h), swucch (*acc. sg. m.* **swulne**), such, such as; as if.
swullen. *See* **scal.**
swunke(n), toiled, was troubled.
syȝe. *See* **siȝen.**

tachen (*pa.* **tahte, tæhte**; *pp.* **itaht**), teach, instruct, explain, give.
tacnede, signified.
tacning, sign.
taken (*pa.* **toc, tok**), take; ~ **on,** act.
taken, takne, tacne, tokne, sign, portent, token.
talde. *See* **tellen.**
talen, tales, stories.
talieð, shout.
tarveden, scattered.
teȝen, thread.
teien, tie.
telde, house, tent.
tellen, tællen (*pa.* **talde**; *pp.* **itald**), count, tell, consider.
temen, attach oneself, turn.
teon (*3 sg. pr.* **tið**; *imper. sg.* **tih**; *3 sg. pa.* **teh,** *pl.* **tu(h)ȝen, tueoȝen**; *pp.* **ito(h)ȝen**), come, go, apply oneself, flow, draw, cross, invite, fly.
teone, misfortune.
tid, time, occasion.
tidende, tidinde, tiðende, tiðinde, news.
tilæhðe, cultivation.
to, *prep.* as, as far as, in, for, at; *adv.* forward, too.
tobæh, leaned towards.
tobreken (*pa.* **tobrac**; *pp.* **tobroken**), break in pieces, destroy.
toc. *See* **taken.**
tochan, toclæf, split in two.
todæi, today.
todælen, todelen, disperse, separate, share out.
todelveð, digs out.
todraȝe (*pa.* **todroh**), pull to pieces, pull down.
todreved, scattered.
todrive, drive away.
tofallen (*pa.* **tofeol**), fall down.
togadere(n), togædere(s), together.
toglad, pierced.
toȝeines, toȝaines, toȝæ(i)nes, against, towards.
toȝere, this year, now.
tohauwen, cut to pieces.
tok, tokne. *See* **taken.**
tomærȝe(n), tomærwe, tomarwen, tomorrow.
topp, head, hair.
toræsden, attacked.
toreosen (*pa.* **toras**), fall down.
torusien, shake.
toscænde, split.
tosnaðde, tosnæðde, cut in pieces.
tosom(n)e, together.
tostepen, advance.
toswadde, cut in two.
toswollen, swollen.
toswungen, cut to pieces.
toþen, teeth.
touward, towards.
towurðen, perish.
treoliche, trouliche, truly, faithfully.
treo(u)ðe, truth, faith.
treowe, true.
treo(we)n, trees, timbers.
trukien (*pp.* **itruked**), deceive, be ineffective or absent.
trume, rank, line of battle.
tueoȝen, tu(h)ȝen. *See* **teon.**
tuhte, came, went, walked.
tuhtle, manners.
tun, town.
tunge, tongue.
twalf, twælf, twelve.
twei(e), tweien(e), twæie, twa (*gen.* **tweire**), two.
twiræde, in two minds.

þa, þæ, þe, þeo, (1) the, who, which; **þa . . . þa,** either . . . or; (2) when, then; **þa þa, þa þe,** when; **þe ȝet,** still.
þah, þæh, þeh, though, although.
þan, those.
þanene, thence.

þar-riht, there.
þas, þæs, þeos, this, these, those.
þat, þet, *pron.* he who, that which, what; *cj.* until, (so) that, with the result that.
þæne, þane, þene, the.
þænne, then.
þær(e), þar, þer, there, where; **þær þar**, where.
þe, (1) or, (2) which.
þe, þæ, thee.
þein, þæin, thane.
þenc(he) (*pa.* **þ(e)ohte**), think, intend.
þene, than.
þenene(n), þenne, þeon(n)e, thence.
þen(n)e, then, when.
þeo. *See* **þa**.
þeod, people.
þeohte, þeos. *See* **þenc(he), þas**.
þer, þær, there. **~after**, after that. **~bi**, thereby. **~foren, ~vore**, therefore. **~mid(e)**, with it. **~of**, of it. **~on**, on it, into it, among them. **~-rihtes**, there. **~to**, to it, near. **~ufenen**, above it. **~under**, under it.
þere, the, of the.
þermes, entrails.
þes, this.
þider, thither; **~ þe**, whithersoever. **~ward**, thither.
þing, creature, reason.
þoht, thoughts.
þohte. *See* **þenc(he)**.
þolie(n), suffer, endure.
þonk(e), thought.
þonkie (*pp.* **iþonked**), thank.
þrasten, penetrated.
þratien, þretien (*pa.* **þrættede**), threaten.
þrætte, threats.
þreo, three.
þreottene, thirteen.
þridde, third.
þriddendale, one-third part.
þrie, thrice.
þritti, thirty.
þrucche, thrust, push.
þrumde, compressed.
þrungen, went.
þu, thou, you.
þunchen (*pa.* **þuhte**), seem.
þurfen, þurve(n), need.
þurh, through, by, by means of, with the help of; **~ and ~**, with all his might, **~ alle þing**, completely.
þurhærnen, overrun.
þurhgon, go among, mix with.
þurhrade, pierced.
þurhut, through, throughout.
þurhwexen, overgrown.
þusund, þusen(d), thousand.
þwong, thong.

ufel(e), uvel(e), hufele, *sb.* evil, harm, disease; *adj.* disastrous; *adv.* injuriously, badly.
ufenan, ufene, ufen(n)en, uvenan, uvenen, uvenon, *prep.* upon, over; *adv.* at the top.
ufere, upper.
umbe(n), after.
unbalde, dispirited.
unbalded, discouraged.
uncuð, unkuð, strange, unaccustomed, foreign, marvellous.
underfon (*imper. sg.* **undervoh**; *pa. pl.* **undervengen**), receive, accept, welcome.
underȝeten, realized.
understonde, *pp.* understood.
undon, open.
unfæle, evil.
unfrið, hostility.
unhal(e), ill.
unhæle, illness.
unicunde, strangers.
unifoh, unifo(h)ȝe, univoȝe, *adj.* innumerable, immeasurable; *adv.* extremely.
unimake, not an equal (OE. **ungemaca**).

unimete, *adj.* immeasurable, countless, great, unlike; *adv.* very, immeasurably.
uniselen, misery.
unisunde, injury.
univele, evil.
unker, our, of us two.
unne(n) (*pa. pl.* **uðen**), grant, wish.
un(n)eðe, unneæðe, *adj.* troubled, uneasy; *adv.* hardly.
unnilich(e), unilic, unlike.
unriht, wrong, mistake.
unstreoned, not begotten.
untunen, *v.* open.
unðonc, displeasure, reluctance.
unwiht, evil creature, devil.
unwiter, unwise, ill-advised.
unwræst(e), vnwærste, vnwraste, *adj.* contemptible; *sb.* wickedness; *adv.* wickedly.
upbreidinges, reproaches.
uppe(n), on, in, on to, after.
ure, our.
urnen. *See* **irne(n).**
ut(e), out, outside.
uten, let us.
utlaȝe, outlaw.
uðen, waves, sea.

vast, væst, vest, near; **on ~e,** promptly.
vatte, fat.
vax, væx, hair.
vestme, appearance.
veðer, feather.
vinden (*pa.* **vunde(n)**; *pp.* **funde(n)**), find.
virste, farthest.
vledeð, flows.
vloȝen, flayed.
vlor, floor.
volc, volk, people, army.
vord, ford.
voregenglen, predecessors.
vorme, first.
vorð, forward, far forward; **~ and ~,** forward.
vote (*pl.* **voten, vet**), foot.
vox, fox.

For initial **v-** *see also* **f-.**

wa, *sb.* sorrow; *adj.* sorrowful.
waȝen, staves.
wak, weak.
wakien, become weak.
walawa, alas.
wald, wæld, wold, open country, plain, wood.
walde. *See* **wul(l)e.**
walden, rule, possess, control.
walden(de), lord, ruler.
walding, power.
wale, alas.
Wal(i)sc, Wæl(i)sc, *adj.* Welsh; **~e,** *sb. pl.* Welshmen.
walle, wælle, well, stream.
walleð, flow.
walme, burning.
walspere, deadly spear.
waning, lamentation.
wansiðen, destruction.
wapmon, man.
war. *See* **whær.**
warde, care. **~smen,** jailers.
warien, wretches, outlaws.
warn(e)den, (1) warned, (2) refused.
warp, warð. *See* **we(o)rpen, wurðe(n).**
war(re), wær, discreet, wary, aware.
wasceð, wash.
wat, wæt, what.
wat. *See* **wite(n).**
wate, bold.
water, river.
wæ. *See* **wha.**
wæht, wafted, fanned.
wæilawæi, alas.
wæisið, fatal journey.
wæl, slaughter.
wælde. *See* **wul(l)e.**
wælden. *See* **folden.**
wæle, the slain.
wæne, when.

wær, vigilant, cautious.
wærcche, act, behave.
wærf, assembly, feast.
wærð. *See* **wrað**.
wæst, west.
webbe, clothes.
wedbroðer, sworn brother.
wedde, pledge, pawn.
weder, weather.
wefden, moved; ~ **up**, opened.
wei, **wæi**, *sb.* way, road; *adv.* away; **oðer weies**, otherwise.
weide, far and wide.
weien, **wæien**, lift, carry.
weienlæten, crossroads.
wel, **wælle**, very, nearly; **wel idon(e)**, good.
wende(n) (*pa.* **wende(n)**), go, advance, turn, befall, convert; ~ **rihte**, was favourable.
wene (*pa.* **wende**, **wænde**), think, expect.
wene, hope, expectation, doubt; **a** ~, doubtful.
w(e)olcne, sky.
weolde. *See* **wul(l)e**.
weop, weeping.
weopen (*pa.* **weop**), weep.
we(o)rc, **worc**, **wærc(k)**, **wærk**, **wurck**, work, piece of work, monument, action.
weord, **wurd**, word, name.
weored, army.
weorede, wore.
w(e)ore(n), were.
we(o)rien, defend.
w(e)orl(d), **wurlde**, ~**riche**, world; **a** ~**richen**, for ever. ~ **wise**, wisest in the world. ~ **monne**, men in the world.
we(o)rpen (*pa. sg.* **warp**, *pl.* **wurpen**), throw.
weorrede, made war.
wepnen, **wapnen**, weapons, armour.
wepni(en), **wepne** (*pp.* **iwepned**, **iwæpned**), equip with arms.
wer, husband.
weri, **wæri**, weary, tired.
wes, was.
west(e), waste, desolate.
westen, lay waste.
weten, *sb. gen. pl.* liquid.
wha, **w(h)æ**, who.
wham, to whom. ~**swa**, whomsoever.
whan, what; **for** ~, why; **to** ~, whither.
whanswa, whenever.
w(h)aswa, whoever.
whaðer, **whæðer**, **whar**, **whær**, whether; ~ . . . **þa**, whether . . . or.
whaðerswa, **whæðerswa**, whichever.
whænne, when. ~**swa**, whenever.
w(h)ær, **w(h)ar**, where.
whæron, whereon.
whæt, alert.
whes, whose.
whidere, **wuder**, whither. ~ **swa**, whithersoever.
while, **wil(l)e**, time, period of time; **þa** ~, while, as long as; **þa** ~ **þa**, as long as; **on** ~, for a space of time. ~**(n)**, once, formerly.
White(n)-Sune(n)dæi, Whit-Sunday.
whu, why.
wi-ax, **wi-æx**, battle-axe.
wide(n), **widene**, wide; ~ **and siden**, far and wide.
widewe, widow.
wif (*gen. pl.* **wifvene**), wife.
wigeling, magic.
wiȝe, battle.
wiȝel, stratagem, deceit. ~**e-fulle**, magical.
wiht, **wiðt**, **wiþt**, strong, forcible, violent.
wiht, creatures.
wiisen, wise men.
wiken, weeks.
wikenare, official.

wikien, remain.
wil, will, pleasure.
wilcume, *sb.* welcome.
wilcumen, **wulcumen**, *v.* welcome.
wilderne, **wulderne**, deserted place.
wildscipe, wildness.
wile. *See* **while**.
wilgomen, will, pleasure.
wille, *adj.* pleasant, agreeable; *sb.* will, pleasure; **on ~**, favourably.
wille. *See* **while**.
wiln(i)e, *v.* desire, long for.
wilspalle, **~tidende**, welcome news.
winden (*pa.* **wond**), go, make one's way.
wine, friend. **~mæi**, kinsman.
winne. *See* **wunne**.
winnen, make one's way, carry away.
wirdliche, **wirð**. *See* **wurð(e)-liche**, **wurðe(n)**.
wise, way, disguise.
wit, we two.
wite(n) (*2 sg. pr.* **wost**, *3 sg.* **wat**; *pa.* **wuste**), (1) know; (2) keep, guard, look after.
witen, tortures, punishments.
witerliche, indeed.
witful, learned.
witi(ȝ)e, **witeȝe**, counsellor, wise man.
wit(t)er, wise.
wið, against, towards; **~ þan þa**, on condition that; **~ and ~**, forthwith.
wiðer, *prep.* against; *adj.* hostile, fierce; *sb.* hostility, conflict. **~fulle**, hostile, valiant. **~-iwinne**, enemy.
wiðinne(n), inside, from inside.
wiðsuggen, resist.
wiðuten, outside, in addition to, except for.
wlæt, saw, surveyed.
wleote, float.
wlite, face, countenance.
wod, penetrated.
wode, furious, mad, violent.
woȝe, **woh**, wrong, harm.
wolcne, **wold**, **wolde**. *See* **w(e)olcne**, **wald**, **wul(l)e**.
golleȝede, followed.
womb, belly.
wond. *See* **winden**.
wondrien, wander.
wonene, whence.
wop, weeping.
worc. *See* **we(o)rc**.
wordede, spoke.
worhte. *See* **wurche(n)**.
worðmunt, glory, fame.
wost. *See* **wite(n)**.
wrað, **wærð**, angry. **~e**, angrily.
wrað. *See* **wurðe(n)**.
wrað(ðe)de, *reflex.* became angry.
wræh (*pa.*; *pp.* **wriȝen**), covered.
wræken, **wracken**, **wre(o)ken**, avenge.
wræsten, strive, force one's way.
wræððe, anger.
wrecche, **wræcche**, **wracche**, *sb.* wretch; *adj.* wretched.
wreoð, wrap up.
wriȝen. *See* **wræh**.
writ, written message, official letter.
wriðen, tie.
wrohte. *See* **wurche(n)**.
wude(n), **~scaȝe**, wood.
wuder. *See* **whidere**.
wulc, **wulch(e)**, what, which; **for ~ þinge**, why; **~ mon swa**, whatsoever man.
w(u)lf, wolf.
wul(l)e (*2 sg. pr.* **wult**; *pa.* **walde**, **wælde**, **w(e)olde**), will, wish.
wunden, wounds.
wunder, *sb.* wonder, large number; *adv.* wonderfully; **~ ane**, very. **~liche**, *adj.* wonderful; *adv.* very, wonderfully.

wundreden, wondered.
wunliche, pleasant, excellent.
wunne, winne, joy.
wu(n)nie(n) (*pa.* **wonede**), live, dwell, remain.
wunsele, dwelling-place, mansion.
wunsum, pleasant.
wurche(n), wurcchen (*pa.* **worhte, wrohte, wurhte**; *pp.* **iworht**), work, make, build, do, cause, perform, act.
wurck, wurd, wurdliche. *See* **we(o)rc, weord, wurð(e)liche.**
wur(e)m, worm, dragon.
wurs(e), worse; **Wurse,** the Devil.
wursede, deteriorated.
wurð(e), worth; **beon ~,** achieve.
wurð(e)liche, wurd~, wird~, wurh~, wruð~, worthily, honourably.
wurðe(n) (*v.*; *3 sg. pr.* **wirð**; *pa. sg.* **warð, wrað**), become, be.
wurðe(n), worthy (to possess).
wurðien, do honour to.
wurðscipe, wurhscipe, *sb.* honour; *v.* do honour to.
wurven, *reflex.* turned.
wuste. *See* **wite(n).**

ydelnesse, idleness.

INDEX OF NAMES

THIS index is intended to help in the identification of persons and places and to refer the reader to the part of the book where the exploits of each character are described. The first and last line-references following a proper name are the earliest and latest occurrences of the name in the present volume of selections; other line-references are to variant forms; names without line-references are from the passage quoted on p. xvi. For the names of peoples, such as *Brut* and *Bruttisc*, see the Glossary.

Printed and bound by CPI Group (UK) Ltd, Croydon, CR0 4YY

13/04/2025

14656571-0001